Impressum:
ISBN: 3-8212-0203-3
Text und Design: Michael Lindner
Redaktion: Günter Kojak

Am Hehsel 42 · 2000 Hamburg 63
Umschlaggestaltung: Michael Lindner
Satz: Roco-Druck · 3340 Wolfenbüttel
Druck und Bindung: Brunsdruck-Kindt oHG · 2082 Uetersen

Michael Lindner

Das große Buch vom Sticken

Inhalt

Sticken – zauberh

Können Sie sich vorstellen, daß dieses Stickbuch von einem Mann geschrieben wurde, daß die über 100 kreativen Stickereien ein Mann entworfen und für Sie zusammengestellt hat?

Wohl kaum! Sehen Sie, da fängt es schon an mit unseren alltäglichen Vorurteilen gegenüber einer der ältesten und schönsten Künste: Sticken empfinden viele Menschen als hausbacken und spießig, denken dabei an überholte, bürgerliche Frauentugenden und an betuliche Kaffeekränzchen.

Diese Einstellung besteht zu Unrecht. Schon ein flüchtiges Durchblättern dieses Buches zeigt Ihnen, wie vielfältig die Möglichkeiten der »Malerei mit Nadel und Faden« gerade heute sind: Von der Jugendstiluhr über die selbstentworfene Tischdecke bis zu gestickten Kartengrüßen wird das Bild einer künstlerischen Tätigkeit vermittelt, mit der Sie phantasievoll den Alltag verschönern und ein kleines, selbstgemachtes Paradies auf ein Stückchen Stoff zaubern können.

Nun, das ist die Fülle der Ideen, das gelungene Design, die praktischen Möglichkeiten für die Verschönerung des Heims, die anregenden Vorschläge für originelle Geschenke und noch vieles mehr, das uns überzeugt – aber die Tätigkeit selbst, was verbinden wir mit ihr?

Ist Sticken noch zeitgemäß?

Früher sagte man: »Mit Liebe gestickt« – aber heute lächeln wir über alte Stickmustertücher, auf denen ein solcher Spruch gestickt wurde; wir lächeln auch über die Schulen, in denen die Mädchen Alphabete, Zahlen, Broschüren und ausgesuchte Motive nach genauesten Anleitungen als Merkmuster für alle Gelegenheiten zu sticken hatten.

fte Nadelmalerei

Aber sehnen wir uns nicht schon wieder nach etwas Persönlichem, Individuellem gegenüber den unpersönlichen, gleichförmigen Industrieprodukten? Wir haben offenbar gelernt, das von einer selbstbestimmten Tätigkeit, in der viel Liebe und Geduld steckt, etwas sehr Menschliches, Freundliches ausgeht. Wie anders ist es sonst zu erklären, daß gerade auf den kargsten Mittelmeerinseln die farbenfreudigsten Stickereien entstanden, mit denen die Menschen sich das für sie Unerreichbare ins Haus holten!

Das allein macht nachdenklich, aber vielleicht haben Sie auch schon erlebt, mit welcher Begeisterung die Jeans-Generation ihre Jacken und Hosen bestickt, hörten von aufsehenerregenden Auktionen gestickter Kunst, beobachteten Sammler auf der Suche nach alten Stickmustertüchern, haben bei einem Urlaub ein Stück farbigster Stickerei auf einem Bauernhof entdeckt und bewundert, standen vor dem über 70 m langen, prächtigen Teppich von Bayeux in Frankreich, auf dem auf weißer Leinwand mit Wollfäden in den Farben Gelb, Grün, Rot, Blau und Schwarz die Eroberung Englands durch den Normannenherzog Wilhelm dargestellt ist: Stickerei als textile Bildkunst in höchster Vollendung!

Gestickt wurde also immer – zu allen Zeiten (schon im Pharaonenreich gab es Stickschulen), bei allen Gelegenheiten, für alle Zwecke: um geschichtliche Ereignisse auf gestickten Bildern festzuhalten, die Bibel zu illustrieren, einen Priester- oder Königsmantel herzustellen, um die Damen und Herren auf feinste Weise zu verschönern, um den Palast und das Heim zu dekorieren, um das Alphabet zu lernen, um Muster zur Ausgestaltung von Textilien zu entwickeln, um sich sinnvoll zu beschäftigen, um anderen eine Freude zu machen ...

Vom Tassenmuster zur Tischdecke
oder
Wie eine gestickte Handarbeit entsteht

Auf dieser Doppelseite können Sie die Arbeit eines Tapisseristen vom Entwurf bis zur Fertigstellung verfolgen. Die Veranschaulichung der acht Arbeitsphasen hilft Ihnen beim Nacharbeiten und bei eigenen kreativen Handarbeiten.

1

2

3

4

1. Motivauswahl

2. Mit einem weichen Bleistift wird das Muster in klaren Linien auf Papier übertragen.

3. Bei einem Kreuzstichmuster wird zusätzlich ein Bogen transparentes Karopapier auf den Entwurf gelegt. Die Vorzeichnung kann nun mit Kreuzen ausgefüllt werden.

4. Um das Muster auf den Stoff zu drucken, wird mit der feinen Nadel einer Stechmaschine die Schablone hergestellt. Jedes Kreuz muß nachgezogen werden.

5. Durch die feinen Löcher der Schablone wird das Pauspulver mit einem Filzreiber auf den Stoff gerieben und mit Spiritus fixiert.

6. Nach der Farbauswahl kann mit dem Sticken begonnen werden. Um ein sauberes Stickbild zu erzielen, empfiehlt es sich, in einem Stickrahmen zu arbeiten.

7.+8. Die Bilder zeigen Fertigprodukte, die als komplette Materialpackungen in den Handarbeitsläden angeboten werden.

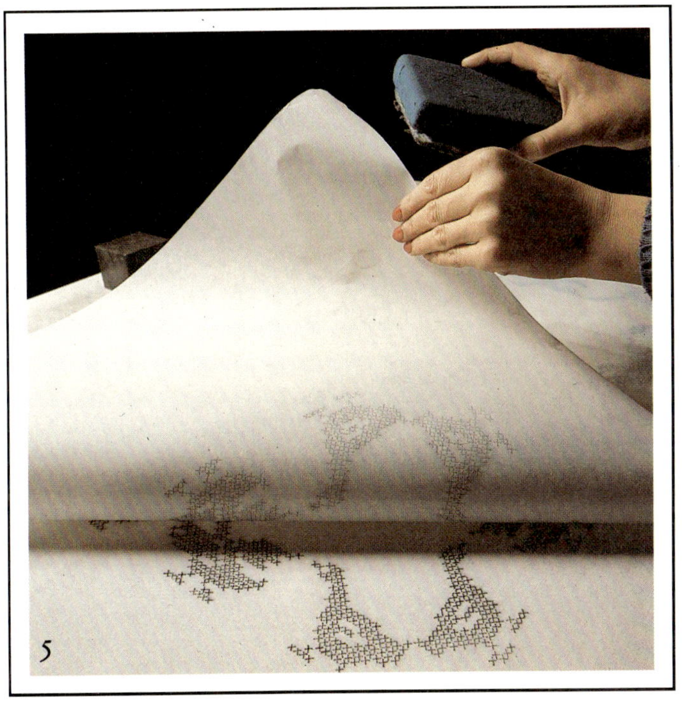
5

6

7

8

Das kleine 1×1 der Stickschule

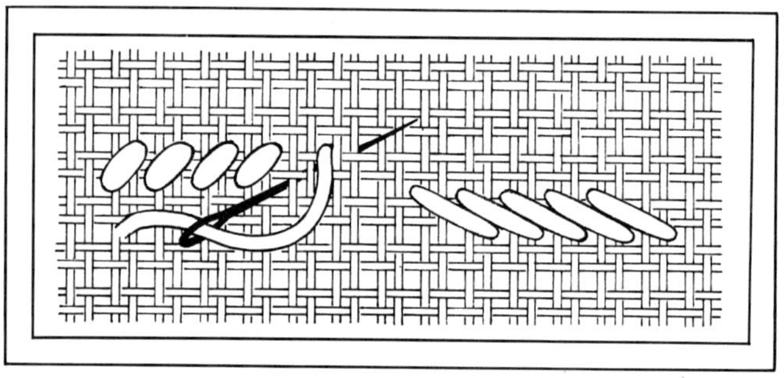

Gobelinstich, auch Vollstich genannt:
Er findet seine Anwendung überall dort, wo besonders dichte Flächen gewünscht werden, z. B. bei Stuhlkissen. Die Nadel wird seitlich schräg über zwei Gewebelöcher nach rechts geführt und über ein Gewebeloch zurück wieder eingestochen. Auf der Rückseite entstehen schräg liegende Stiche.

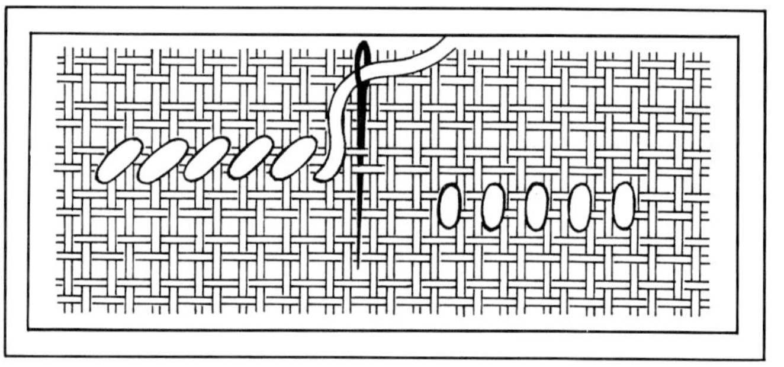

Gobelin-Halbstich:
Der Halbstich sollte nur bei doppelfädigem Stramin angewendet werden. Die Nadel wird von unten durch ein Gewebeloch nach oben und dann seitlich nach rechts oben um ein Gewebeloch höher wieder eingestickt. Die Nadel steht dabei immer senkrecht, auf der Rückseite entstehen senkrecht liegende Stiche.

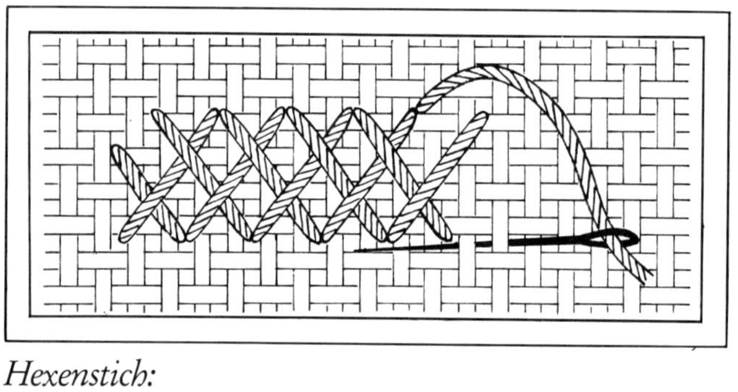

Hexenstich:
Der Hexenstich wird von links nach rechts mit Rückstichen (Steppstich) gearbeitet, die abwechselnd oben und unten liegen. Die Abbildung zeigt den unteren Rückstich, auf der Stoffoberseite entstehen Fäden, die sich überkreuzen. Auf der Stoffunterseite entstehen zwei gegenüberliegende Steppstichreihen.

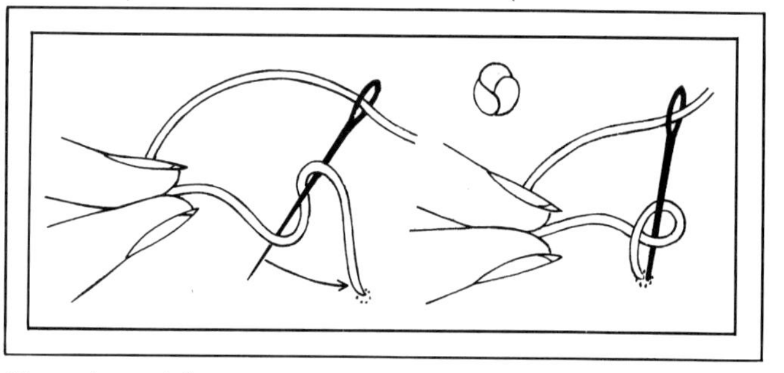

Knötchenstich:
Den Stickfaden mit der Nadel von unten nach oben durch den Stoff stechen und nicht zu locker zweimal von vorn nach hinten um die Nadel schlingen. Den Arbeitsfaden dann festhalten und dicht neben der Ausstichstelle wieder einstechen. Den Faden noch festhalten. Nun wird der Faden durch- und das Knötchen damit zusammengezogen.

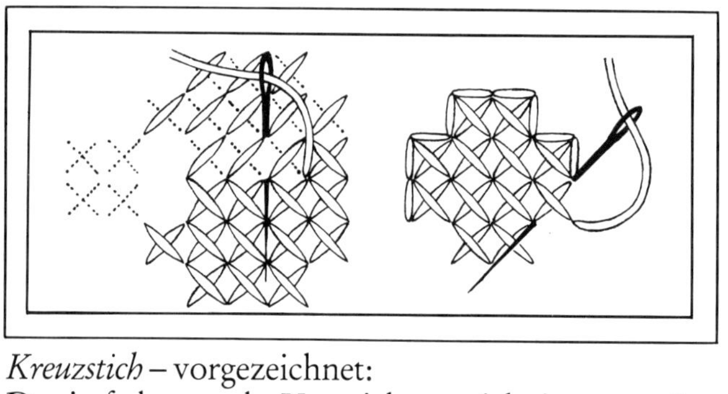

Kreuzstich – vorgezeichnet:
Da ein fadengerades Vorzeichnen nicht immer möglich ist, müssen kleine Unebenheiten ausgeglichen werden. Das Auszählen sollte allerdings vermieden werden. Der Kreuzstich besteht aus einem Unterstich und einem Deckstich, die kreuzweise übereinander gestickt werden. Wichtig ist, daß der Deckstich immer von links oben nach rechts unten liegt. Auf der Rückseite zeigen die Stiche nur in eine Richtung.

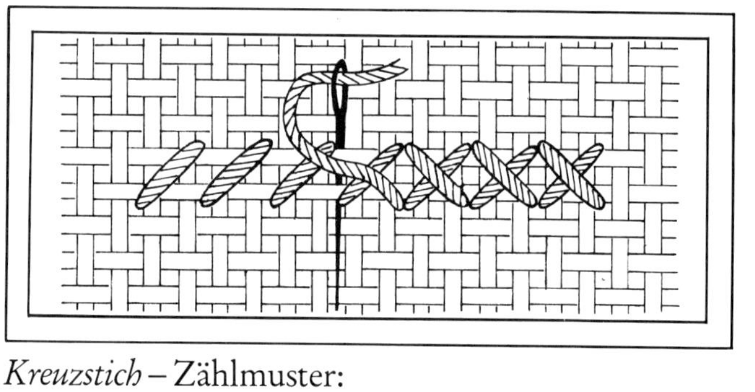

Kreuzstich – Zählmuster:
Dies ist die sauberste Art, um einen Kreuzstich zu sticken. Die Technik gleicht der des vorgezeichneten Kreuzstiches. Sie können hier aber entscheiden, ob Sie über zwei, drei oder mehr Gewebefäden sticken wollen. Ausschlaggebend dafür sind Stoff oder Größe des Musters. Bei handelsüblichen Materialpackungen wird auf den Zählmusterbögen angegeben, über wieviele Fäden gestickt werden soll.

Das kleine 1×1 der Stickschule

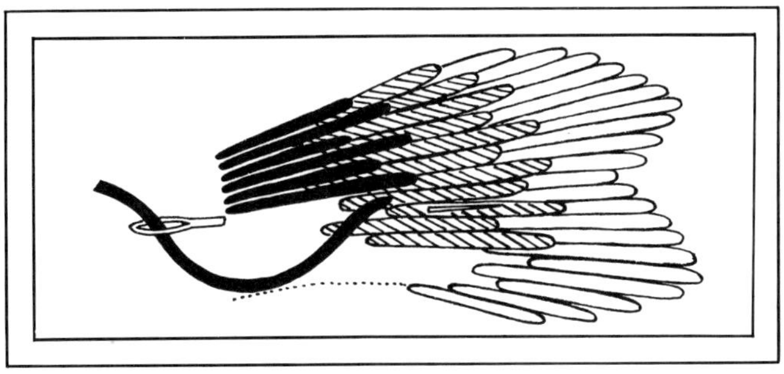

Einschattieren oder Nadelmalerei:
Man überstickt zunächst von außen nach innen mit dicht nebeneinander liegenden, kurzen und langen Stichen die Kontur der Vorzeichnung. Die nächste Reihe hat eine andere Farbe und wird wiederum mit kurzen und langen Stichen durch die Fäden der vorherigen Farbe gestickt.
Dieser Vorgang wiederholt sich, bis die Form ausgefüllt ist.

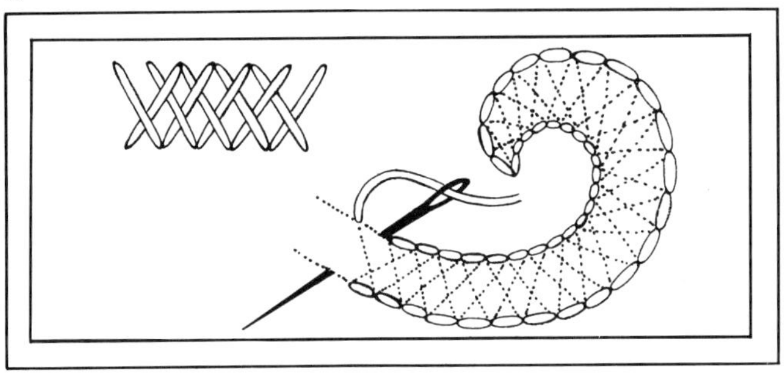

Schattenstich:
Der Schattenstich wird ebenso wie der Hexenstich im Rückstich (Steppstich) gearbeitet. Auf der Stoffoberseite entstehen zwei gegenüberliegende Steppstichreihen, während sich auf der Stoffunterseite die Fäden überkreuzen.

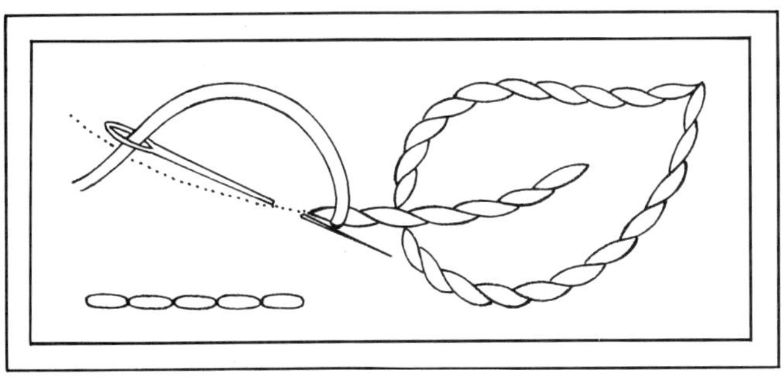

Stielstich:
Wie der Name schon sagt, eignet sich dieser Stich für Stiele, Arabesken, Konturen und Umrandungen. Die Nadel sticht von unten nach oben auf der vorgezeichneten Linie aus und wird nach etwa 6 mm wieder eingestochen. Genau auf halbem Wege zwischen Ein- und Ausstich kommt sie wieder zum Vorschein. Der Faden wird links von der Nadel gehalten und durchgezogen. An der Stelle, an der die Nadel vorher eingestochen wurde, beginnt der neue Stich.

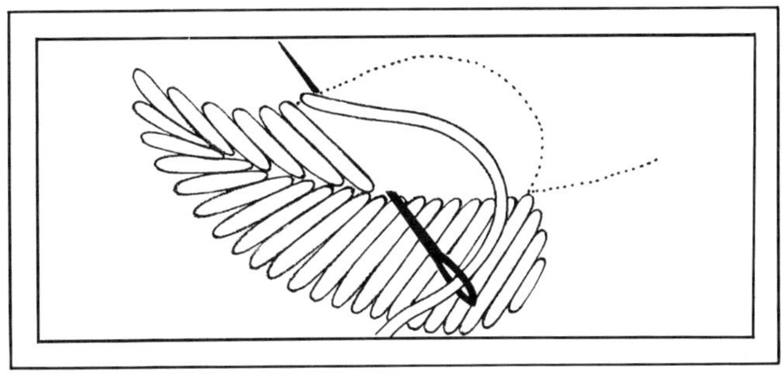

Plattstich:
Dem Muster entsprechend werden beim Plattstich so viele Stiche exakt aneinandergestickt, bis die vorgezeichnete Fläche ausgefüllt ist. Es ist darauf zu achten, daß die Vorzeichnung grundsätzlich überstickt wird.

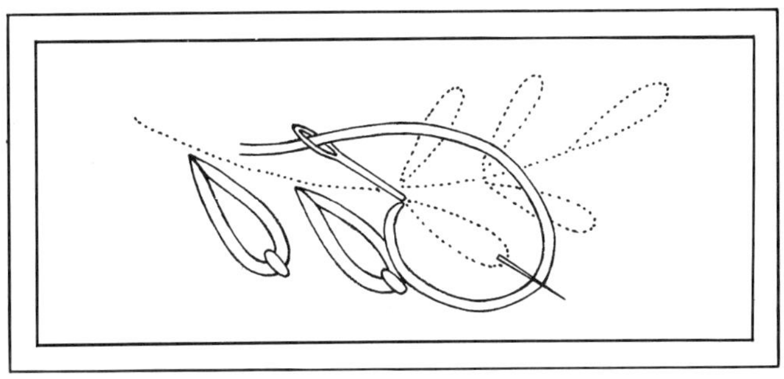

Schlingstich:
Er ist einfach und schnell zu sticken und findet seine Anwendung bei Blüten, Blättern und Gräsern. Das Ausstichloch ist gleichzeitig wieder Einstichloch. Es entsteht eine Schlinge, die mit einem kurzen Stich festgehalten wird.

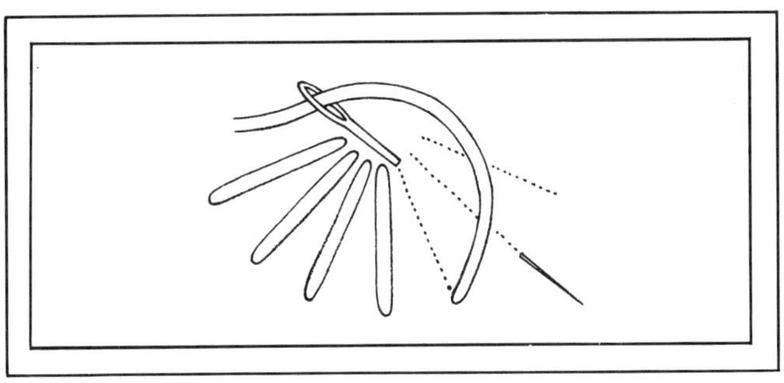

Spannstich:
Der Spannstich ist eine luftige Abwandlung vom Plattstich und wird überall dort angewandt, wo leichte Stickerei erforderlich ist, wie z. B. Sternchenblumen und Blätter, sowie Schnörkel und Arabesken.

Praktische Tips

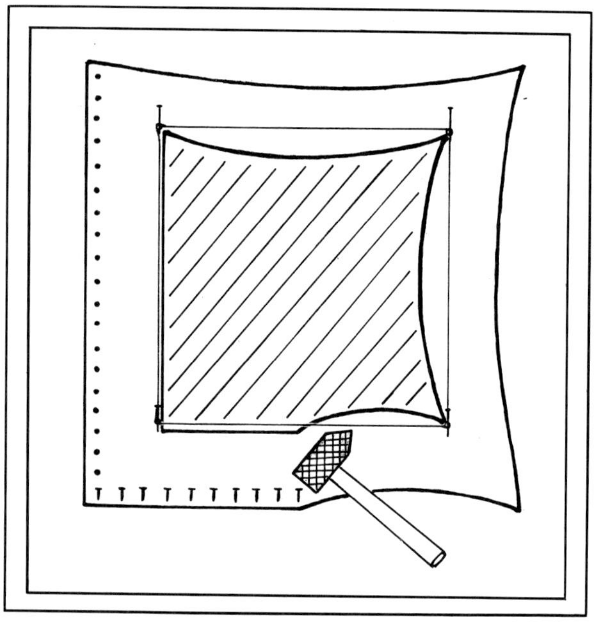

Spannen & Leimen:
Sollte sich Ihre Handarbeit einmal so verzogen haben, daß sie sich durch Bügeln nicht wieder in ihre ursprüngliche Form bringen läßt, empfehlen wir Ihnen, die Handarbeit aufzuspannen. Hierbei ist darauf zu achten, daß die rechte Seite immer unten liegt. Die Rückseite wird bei einem Gobelinbild mit sehr dickem Tapetenkleister bestrichen, Decken und leichte Handarbeiten mit Uhuline. Nach dem Trocknen werden die Nägel wieder entfernt.

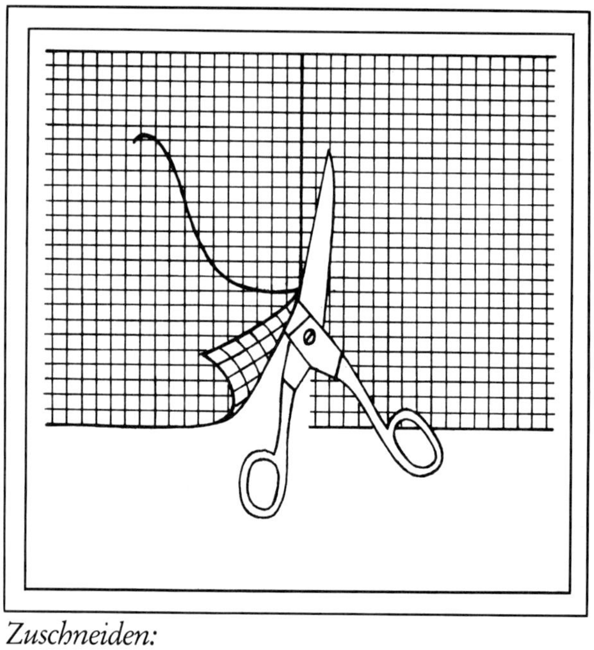

Zuschneiden:
Achten Sie bitte darauf, daß immer am Faden entlang zugeschnitten wird. Nach dem Zuschneiden sollten die Schnittkanten mit einem Zick-Zack-Stich oder Saum vor dem Ausfransen bewahrt werden.

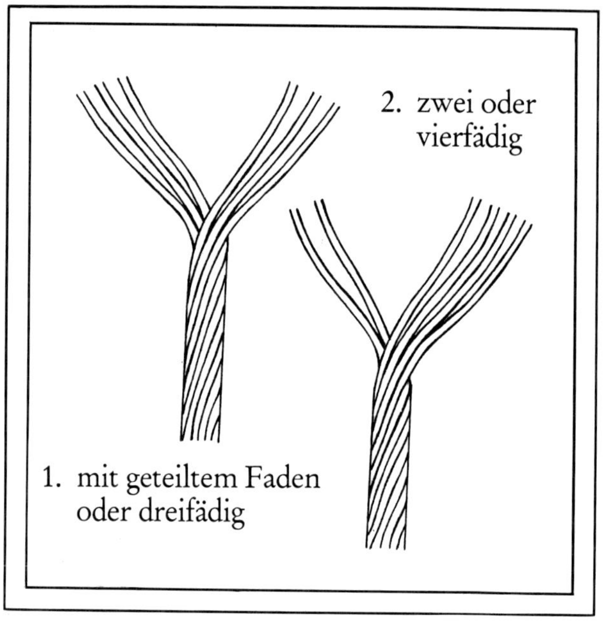

Das Teilen von Fäden:
Bei feineren Stickarten ist es manchmal notwendig, aus einem Faden einen feineren Stickfaden herzustellen. In Anleitungen steht dann, mit geteiltem Faden oder zwei-, drei- und vierfädig sticken. Soll aus einem sechsfädigen Twistfaden ein vierfädiger entstehen, werden einfach zwei Einzelfäden vom ganzen Faden getrennt und später mit zwei anderen Fäden der gleichen Farbe wieder zusammengedreht.

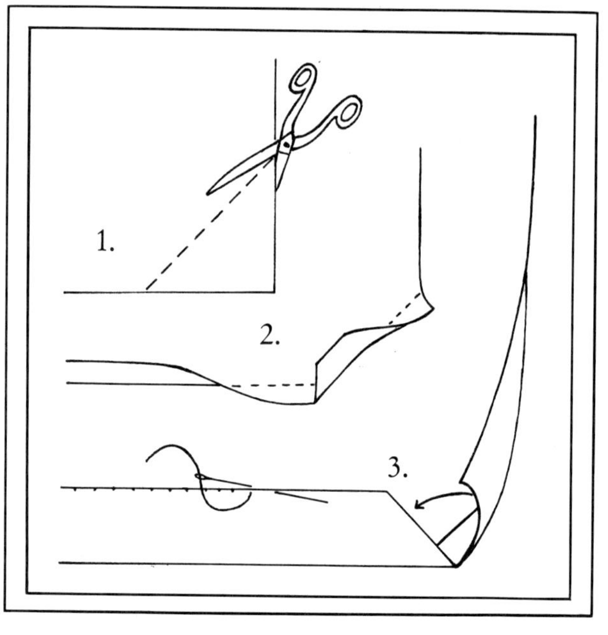

Säumen:
Für einen Saum benötigen Sie etwa 4 cm Stoff. Die Ecke wird abgeschnitten, dann wird der Saum zweimal nach innen geschlagen, damit er nicht ausfranst.

Zeichnen & Übertragen

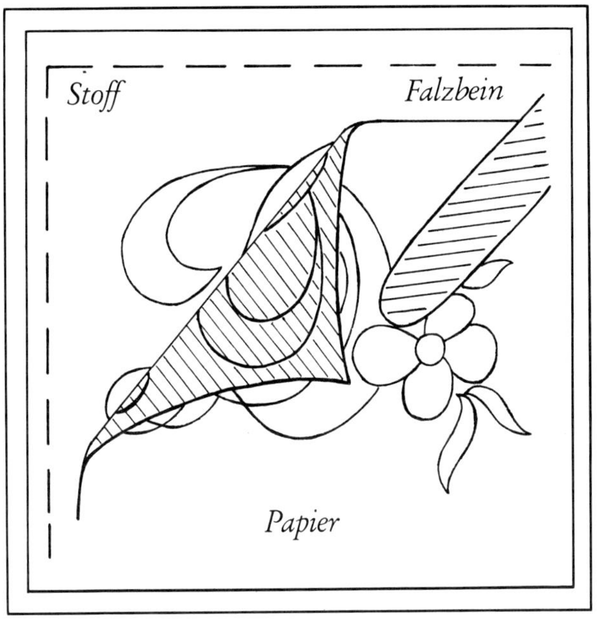

Um die zahlreichen Stickideen aus diesem Buch verwirklichen zu können, muß man sich dieser Technik des öfteren bedienen. Zunächst werden die Konturen des gewünschten Musters mit einem weichen Bleistift auf transparentes Zeichen- oder Pergamentpapier mit möglichst klaren und nicht zu kräftigen Linien durchgezeichnet. Mit einem Falzbein oder mit dem Daumennagel läßt sich das Muster nun an der gewünschten Stelle auf den Stoff übertragen. Dabei darf sich das Papier nicht verschieben. Wird der Druck bei öfterem Gebrauch zu schwach, werden die Konturen wieder nachgezogen.

Vergrößern & Verkleinern

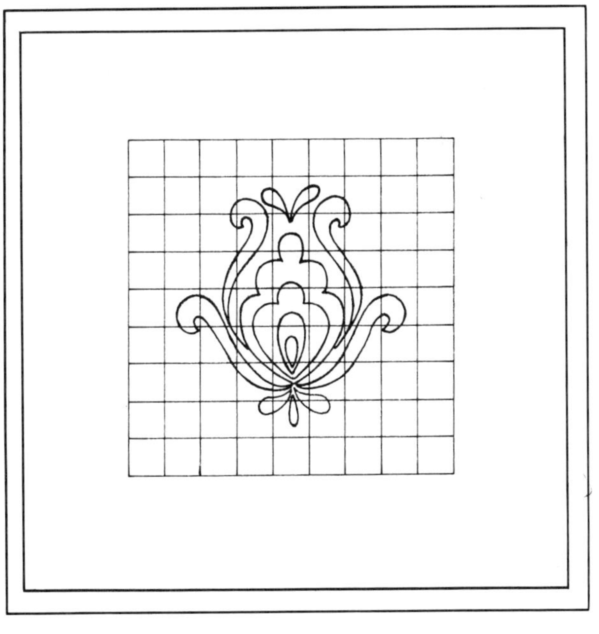

Mit Hilfe der Kästcheneinteilung können Sie jedes Muster beliebig vergrößern oder verkleinern. Die Vorlage wird in gleichgroße Quadrate geteilt. Ein zweites Blatt mit entsprechend größeren oder kleineren Quadraten ebenfalls. Dann überträgt man Strich für Strich die Zeichnung von einem auf das andere Blatt.

Material & Hilfsmittel

Auf dieser Seite finden Sie alle nützlichen Materialien, die ein Tapisserist für seine Arbeit beim Entwerfen von Handarbeiten benötigt.
Mit diesen Hilfsmitteln können auch Sie – unter optimalen Bedingungen wie ein Fachmann – alle in diesem Buch für Sie zusammengetragenen Stickereien nacharbeiten.
Weitere nützliche Hilfen sind die auf der nächsten Seite angegebenen Bezugsquellen und Materialnachweise.
Wir hoffen, Ihnen mit diesen Angaben unnötige Wege bei der Beschaffung der Stickmaterialien zu ersparen.

Bezugsquellen & Material

Stickgarne
MEZ – Kelim
Perlgarn Nummer 3
Perlgarn Nummer 5
Sticktwist
Zierlitze

DMC – Mouline

Grundstoffe
Rico-jobelan 140 und 160 breit
Rico-Siebleinen 140 und 160 breit
Rico-Batist 140 und 170 breit
Rico-Damast 110, 140 und 170 breit
Rico-Gobelin
Rico-Nessel 150 breit
Rico-randfertig 80/80, 100/100, 130/160, 100/160, 145 ∅
WEB-TEX Leinen
WEB-TEX Handtücher
WEB-TEX Schürzen
Permin-Leinen 140 und 160 breit
Permin-Küchenhardanger 150 breit
Emaille-Geschirr
Münder-Email

Rahmen & Beschläge
Rico-Einrahmungsservice
Permin-Copenhagen
WEB-TEX Bauernhaus

Fertig vorgezeichnete Decken
Rico-Dekor

Zählmuster
Permin-Copenhagen
WEB-TEX Schweiz

Borten & Spitzen
Rico-Dekor

Uhrwerke & Zeiger
Rico-Dekor

Postkarten
Permin-Copenhagen

Bezugsquellen

Handarbeitsabteilungen der Kaufhäuser

Handarbeits-Fachhandel

Sollte sich in Ihrer Nähe kein Fachgeschäft befinden, leitet die Xenos-Verlagsgesellschaft mbH (Am Hehsel 42, 2000 Hamburg 63) Ihre Anfrage bzw. Bestellung (mit Angabe der Artikel-Nummer) gern weiter.

Aktuell
für jede

Der Frühlir

Design-Nummer: 37 000
Gewebe: Rico-randfertig
Farbe: Q 69 beige
Sticktechniken: Plattstich, Stielstich, Schlingstich

Diesen fröhlichen Osterstrauß können Sie auch auf andere Stoffe übertragen. Zeichnen Sie mit einem weichen Bleistift auf einen Bogen Transparentpapier die Konturen der unten abgebildeten Stickprobe ab. Eine genaue Anleitung finden Sie dafür auf Seite 15.

Handarbeiten
nann

ommt ins Haus

Design-Nummer: Rico 26 250
Gewebe: Strukturgewebe
Farbe: weiß
Sticktechnik: Plattstich, Stielstich

Zarte Farben verlangen zarte Stoffe. Gestickt wird in den oben angegebenen Techniken mit Baumwollgarn Perlgarn 5 und Twist. Das Muster läßt sich selbstverständlich auch anders auf die Decke verteilen. Hierbei spielen Tisch- und Deckengröße eine entscheidende Rolle.

Krokusse, die ersten Frühlingsboten

Gestickt wird nach einem Zählmuster auf Hardanger-Stoff. Die Motive können ganz nach Wunsch auf der Decke verteilt werden. Dieses Muster wird mit Sticktwist gearbeitet. Ungeübte sollten die Anleitung auf Seite 12 beachten.

mit geteiltem Faden sticken | *hellgelb* V *gelb* *dunkelgelb* *orange* / *hell-lila* O *lila* N *dunkellila* ● *dunkelstes lila* *hellgrün* X *grün* *dunkelgrün* + *blaugrün* — — *grau* *olivgrün* · *weiß*

Ein stolzer Hahn war auch dabei

Design-Nummer: 46 550
Gewebe: Rico-randfertig
Farbe: Q 69 beige
Sticktechnik: Kreuzstich, vorgezeichnet, im Fachhandel oder als Zählmuster

Je nach gewünschter Größe und Fadenstärke des Gewebes muß man zwei-, drei- oder vierfädig sticken. Am besten zählt man sich den Abstand vorher auf dem Stoff aus. Unser Motiv ist nach einer Vorzeichnung gestickt worden, es entspricht einer Kreuzgröße über 4 Gewebefäden.
Motivgröße ca. 32 cm.

Fröhliche Stick-Ostern

Design-Nummer: 46 580
Gewebe: Rico-jobelan
140 cm breit, 160 cm breit,
Farbe: Q 80 Struktur braun
vorgezeichnet im Fachhandel oder
zum Selbstabnehmen
Sticktechnik: Spannstich, Stielstich,
Knötchenstich, Plattstich, Schlingstich
Alle Techniken finden Sie
auf Seite 12/13.

Eine Osterdecke, die das Herz der Kinder höher schlagen läßt. Mutter Gans macht mit ihren eben entschlüpften Jungen den ersten Osterspaziergang durch die bunte Osterblumenwelt.

Gestickte Osterkartengrüße

Stickmaterial und Zubehör

Aida-Gewebe
oder Rico-jobelan
MEZ-Sticktwist oder *DMC* Mouline
kleiner Briefumschlag
Passepartout aus festem Karton
Abdeckkarte
Nadel

Mit etwas Geduld kann diese Karte in zwei Stunden fertig sein.

Und so wird's gemacht

Gestickt wird auf Baumwoll-Aida im Kreuzstich. Sie können aber auch auf andere feine Zählstoffe ausweichen. Damit Ihr Motiv nicht zu groß wird, sollten Sie vorher den Stoff auszählen. Es empfiehlt sich, die Kreuze über zwei Gewebefäden zu sticken.

Um der Stickerei den richtigen Rahmen zu verleihen, wurden diese Karten mit einem ovalen, doppelseitigen Passepartout versehen und zusätzlich mit einer goldenen Linie verziert.

Ihren persönlichen Kartengruß können Sie dann auf der Innenseite des Passepartouts eintragen.

Kleine Osterstickereien

Diese kleinen Osterstickereien können wahlweise auf weißem oder grünem Baumwoll-Hardanger nach unserem Zählmuster gestickt werden. Für beide Teile ist rechts eine Schablone abgebildet, die ihnen das Zuschneiden der Formen erleichtert. Achten Sie bitte auf die Saumzugabe, die durch eine gestrichelte Linie gekennzeichnet ist.

Gestickt wird mit geteiltem *MEZ*-Twistfaden nach eigenen Farben im Kreuzstich über ein oder zwei Fäden (je nach gewünschter Größe), Konturen im Steppstich. Die Ostereier werden mit etwas Watte ausgestopft und erhalten dadurch ihre natürliche Form. Die Eierwärmer können zusätzlich noch mit dünnem Schaumstoff oder flauschigem Molton abgefüttert werden. So bleiben Ihre Frühstückseier noch länger warm.

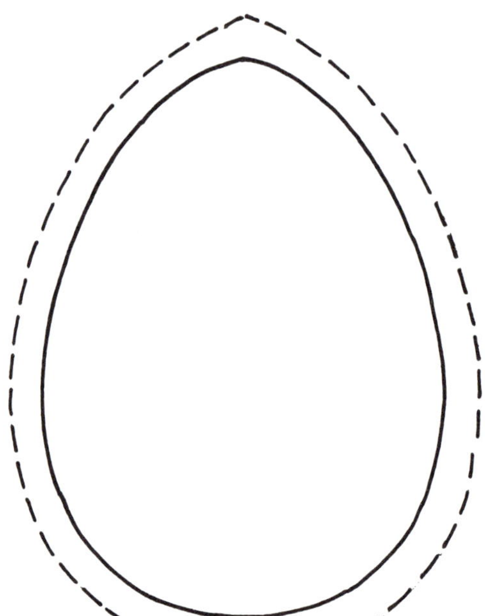

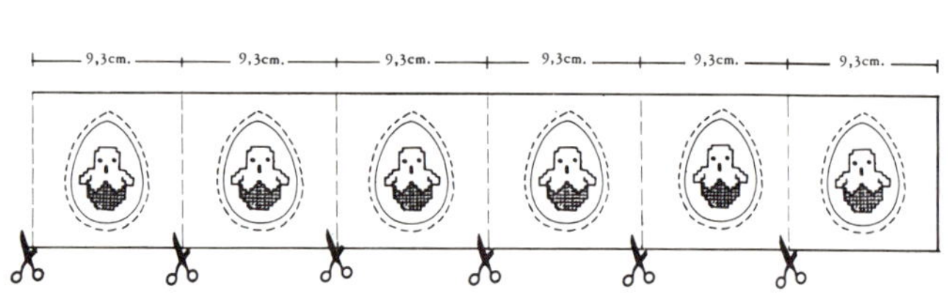

Die auf dieser Seite abgebildeten Motive eignen sich für Ostereier und Eierwärmer.

Vor Stickbeginn sollten Sie sich durch ein Auszählen der Kreuze überzeugen, ob das Muster in der Größe auch auf Ihren Stoff paßt.

○ *gelb* ◢ *blau* ◢ *lila* ~~ ◣ *rot* ····· ⌞ *grün* --- ‖ *gold* ∞∞ ● *dunkelgrau* · *weiß*

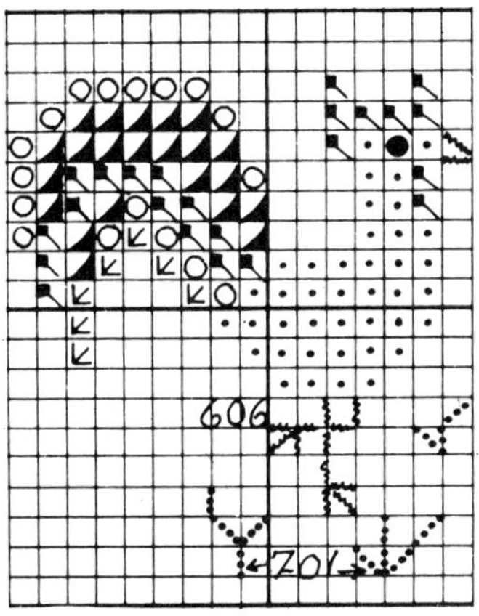

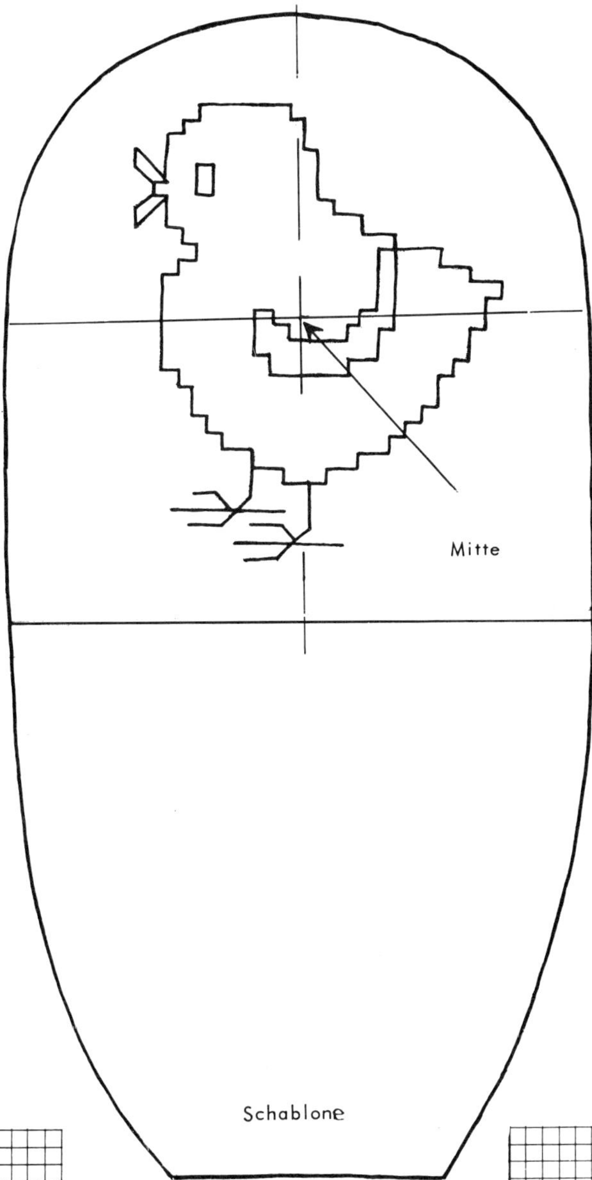

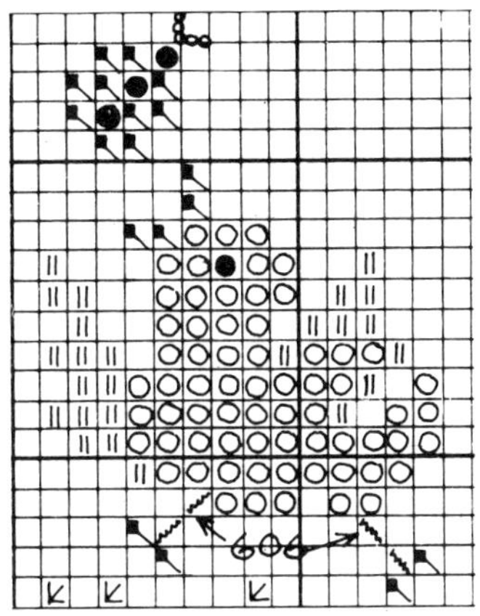

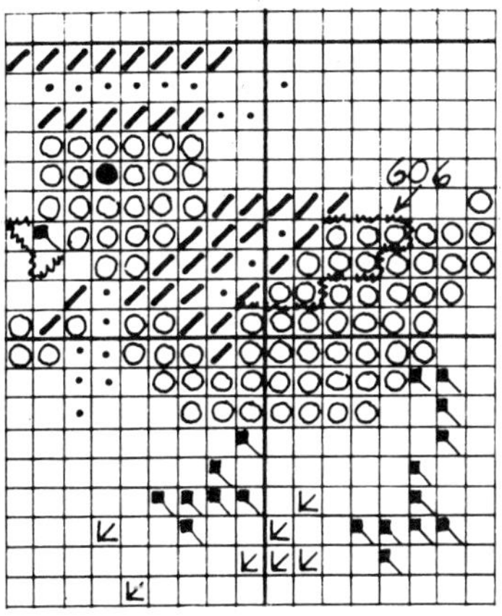

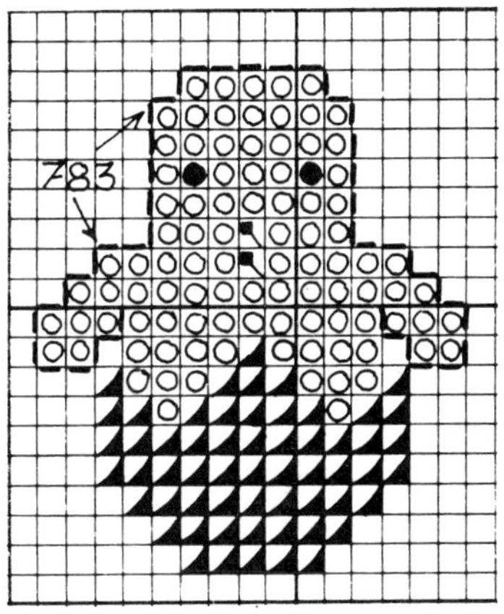

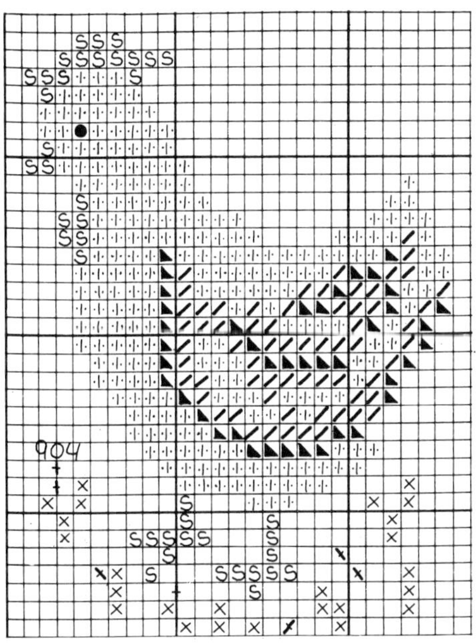

○ *hellgelb*

·|· *beige*

~~ S *rot*

|-+-+- ✕ *grün*

◢ *hellgold*

◣ *gold*

~~ ● *grau*

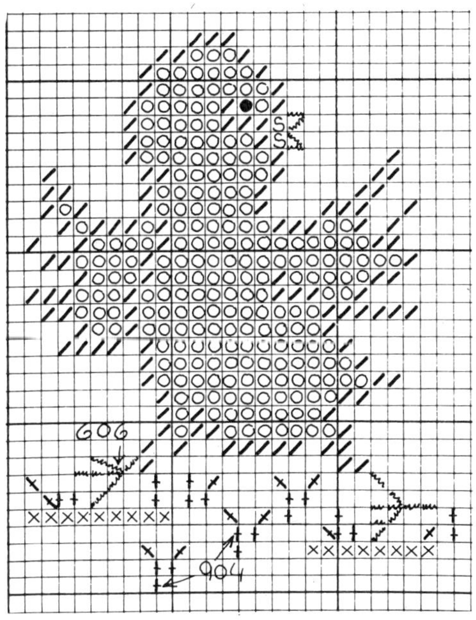

Neuer Glanz für Tisch und Wand

Das große Stickthema zum Selberzeichnen

Ob Tischdecke, Kissen, Überhandtuch, Kaffeewärmer oder Gardine vor Fenster und Türen: Dieses Muster läßt sich für viele Ideen verwenden.
Auf den nächsten Seiten finden Sie die Originalrapporte der eckigen Tischdecke, die sich unter Berücksichtigung unserer praktischen Tips von Seite 15 beliebig vergrößern, verkleinern oder im gleichen Maßstab übertragen lassen.
Der Phantasie sind bei diesem Muster keine Grenzen gesetzt: Es ist etwas nostalgisch und erinnert an Großmutters Zeiten! Die Verteilung der Motive bleibt Ihnen überlassen. Einige Anregungen für Ihre Arbeit finden sie auf unserer farbigen Abbildung.
Alle Modelle lassen sich nach den abgebildeten Rapporten mit etwas Geschick nacharbeiten.

Gestickt wird in den auf Seite 12/13 erklärten Sticktechniken Stiel- und Plattstich.
Als Stickmaterial empfehlen wir Sticktwist oder Perlgarn Nummer 5.
Die Stickfarben können der jeweiligen Einrichtung oder dem Kaffeegeschirr angepaßt werden.
Als Grundstoff eignet sich am besten ein feineres Halbleinen oder Rico-jobelan Spezial-Handarbeitsgewebe in weiß oder creme.
Wer sich diese Arbeit jedoch nicht zutraut, kann unter Angabe der Rico-Design-Nummer 25 670 alle Teile als vorgezeichnete Handarbeitspackung im Fachhandel oder den Handarbeitsabteilungen der Warenhäuser erwerben.

Randmotiv

Das Mittelmotiv

Mit einem Stück Transparentpapier und einem weichen Bleistift sind die Konturen schnell nachgezeichnet, können beliebig vergrößert, verkleinert oder in Originalgröße auf den Handarbeitsstoff übertragen werden (vgl. Seite 15).

Bevor Sie jedoch das Muster auf den Stoff übertragen, empfiehlt es sich, kleine Markierungspunkte in der Mitte und am Rand der Decke anzubringen. Das gleiche gilt auch für die Zeichnung. Diese Punkte erleichtern Ihnen eine genaue Anlage auf der Decke.

Zunächst übertragen Sie das von Ihnen gezeichnete Viertelmotiv nach unserem Beispiel (Seite 15) auf den Stoff, klappen dann den Bogen so, daß Ihre Markierungspunkte wieder aufeinander liegen und wiederholen den gleichen Vorgang, bis das Mittelmotiv ganz übertragen ist.

In gleicher Weise verfahren Sie bei der Randzeichnung.

Rand & Kissen

Diese Zeichnung eignet sich für beide Teile. Beachten Sie bitte die Markierungspunkte. Die Kissengröße sollte 40/40 cm betragen, das Zeichenmaß 32/32 cm; so bleiben Ihnen noch 4 cm Rand zum Säumen auf jeder Seite.

Wenn Sie von dieser Vorlage vier Rapporte zeichnen und diese auf alle vier Ecken des Stoffes legen, können Sie leicht beurteilen, ob Ihnen der Entwurf mit dieser Verteilung gefällt.

Geschenke zum Muttertag

Handtücher der Firma *WEB-TEX* mit eingewebtem Aida-Streifen eignen sich zum Besticken.
Einige Stickvorschläge finden Sie auf Seite 33. Die Farben sind nur als Anregung gedacht und können je nach Handtuchfarbe beliebig ausgetauscht werden.
Das abgebildete Alphabet eignet sich besonders gut zum Einsticken von Namen oder Initialen.
So erhalten Sie ein sehr persönliches Geschenk für Badezimmer und Strand.

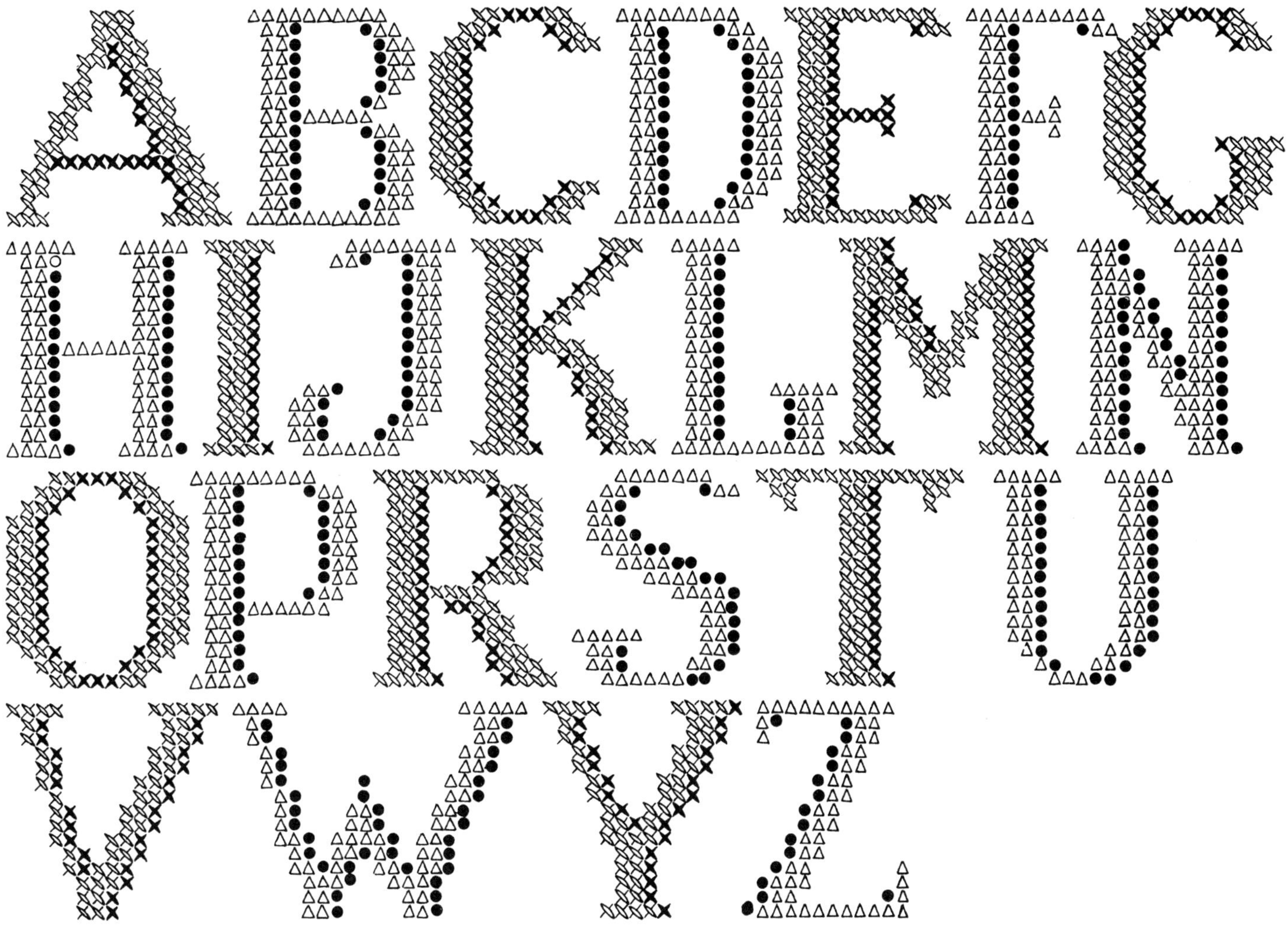

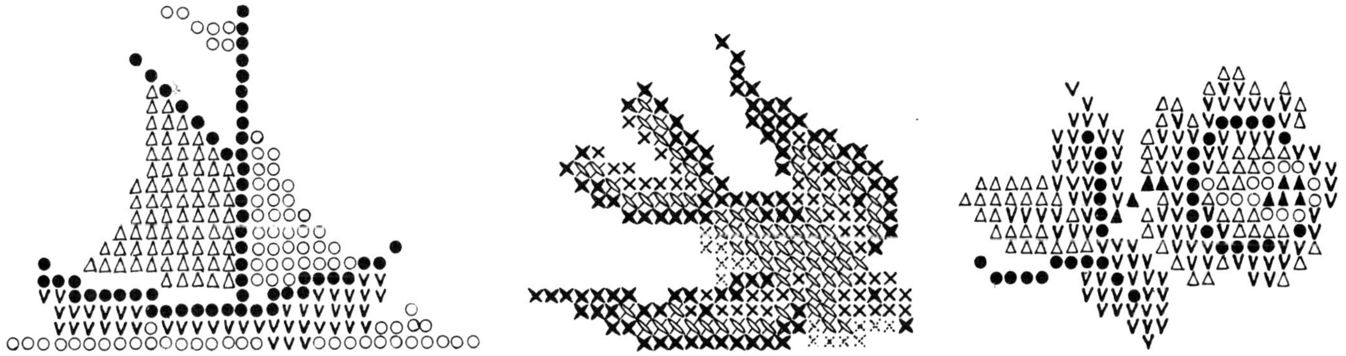

846 *dunkeloliv* · 279 *helloliv* · 360 *dunkelbraun* · 935 *hellbraun* · 933 *hellbeige*

281 *mitteloliv* · 278 *lindgrün* · 936 *mittelbraun* · 934 *dunkelbeige*

Kakteen, die nicht stechen

Diese kleinen Kakteenbilder werden im Kreuzstich über zwei Gewebefäden gestickt. Die Stickgarnfarben können aus verschiedenen grünen Tönen selbst zusammengestellt werden. Durch einige Rot- oder Gelbtöne wird etwas Farbe ins Bild gebracht. Als Grundgewebe wurde *WEB-TEX*-jobelan verwendet. Mit dem kleinen Naturholzrahmen wird diese schnelle Handarbeit zu einem persönlichen Geschenk mit viel Herz.

Wiesenblumen auf Handtuch und Schürze

Mit dieser dekorativen *WEB-TEX*-Handarbeit können Sie fröhlichen Küchengeistern eine große Freude machen! Die vorgewebten Handtücher und fertig genähten Schürzen gibt es im Fachhandel zu kaufen. Gestickt wird nach einem auf der nächsten Seite abgebildeten Zählmuster auf besonders eingewebten Aidafeldern, die das Auszählen sehr erleichtern. So wird diese Handarbeit auch für ungeübte Hände zur lösbaren Aufgabe. Bei dieser Stickerei können Sie auch sehr schön Ihre Garnreste verarbeiten, denn die abgebildeten Blumenmotive lassen sich auch in anderen Farben darstellen.

Stickvorlage Nr. 14/82

auf braun gestreifte Tuechli + Schürzen
(2475, 2485, 2495)

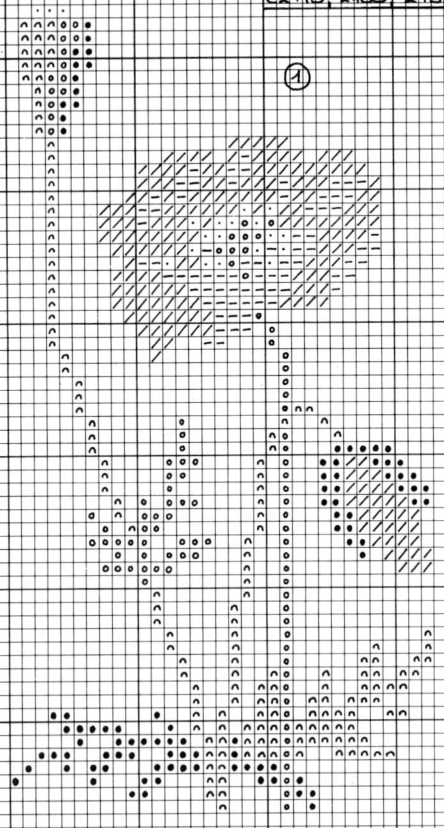

auf gelb gestreifte Tüechli + Schürzen
(2472, 2482, 2492)

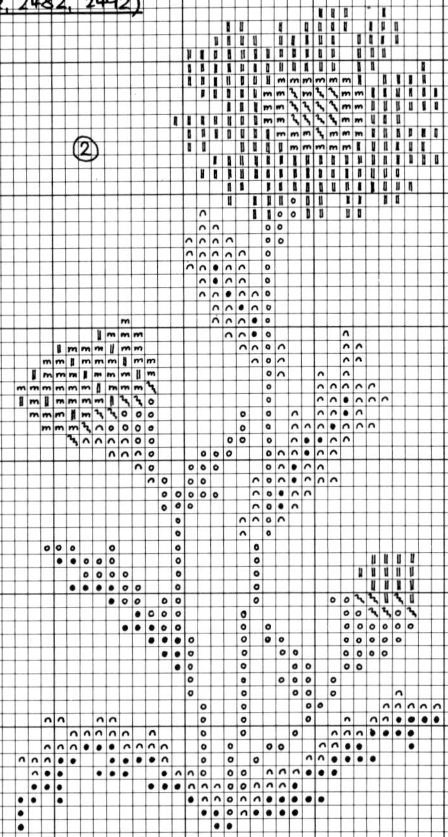

div. grün
hellgrün
dunkelgrün

1) hellrot
dunkelrot
dunkelbraun

2) cognac
hellbraun
hellgelb

3) hellgelb
dunkelgelb
mittelbraun

4) hellblau
dunkelblau

auf grün gestreifte Tüechli + Schürzen
(2473, 2483, 2493)

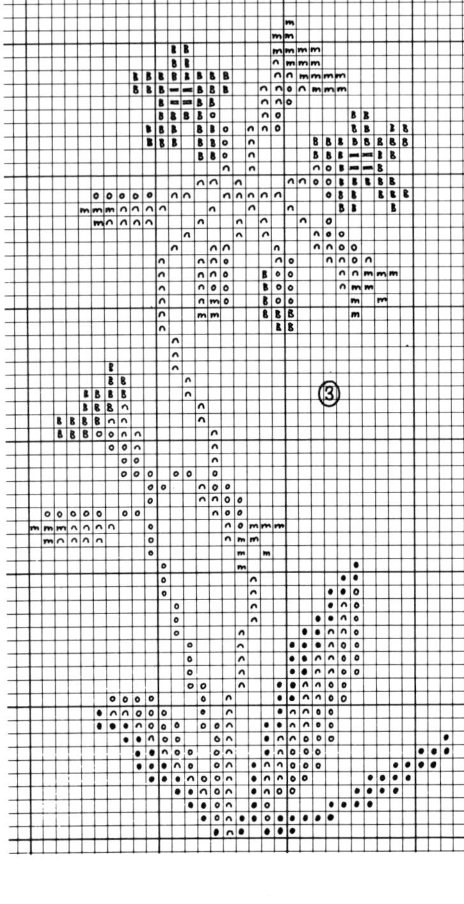

Achtung!

Das Garn muss getrennt werden! Sticken Sie mit 4 Fäden des 6-teiligen Moulinégarnes.

Achten Sie darauf, dass die Oberseiten der Kreuzchen alle in der gleichen Richtung verlaufen.

Wir wünschen Ihnen viel Spass beim Sticken

auf rost gestreifte Tuechli
(2478)
keine Schürzen in dieser Farbe

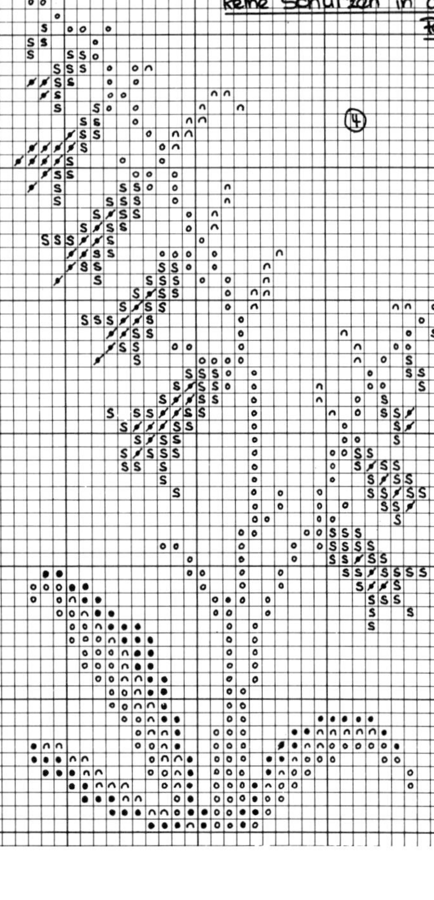

Rosen, die nicht welken

Design-Nummer: 25 880
Gewebe: Rico-jobelan
Farbe: Q 15 weiß
Sticktechnik: Plattstich, Stielstich, Knötchenstich

Dieser beschwingte Sommertraum verzaubert jeden Tisch: Eine Decke für besondere Stunden! Diese Decke können Sie auch ohne großes zeichnerisches Talent selbst übertragen und nach dem unten abgebildeten Muster sticken.

Auf der nächsten Seite zeigen wir Ihnen, wie es gemacht wird. Als Stickmaterial verwendeten wir Sticktwist und Rico-Spitze SP 9 weiß als gelungenen Randabschluß.

Dieses Muster läßt sich leicht auf transparentes Papier übertragen.
Es kann beliebig nach dem Prinzip von Seite 15 vergrößert oder
verkleinert werden. Die Verteilung der Motive
auf den Stoff können Sie nach unserem
Beispiel selber vornehmen.

Sommerblumen im leichten Kreuzstich

Im unteren Teil finden Sie das Zählmuster zum Nacharbeiten dieser Handarbeit.

Die Verteilung der Motive richtet sich nach der Tischplattengröße.

Durch die braunen Kreuzstichlinien und Felder kann das Muster beliebig gestreckt werden.

Vor Beginn sollten Sie die Mitte auf Ihrem Stoff sowie die Tischplattengröße genau markieren.

Sticken Sie zuerst die Kreuzstichfelder; das Aussticken der Blumenmotive ergibt sich dann von allein.

Das Muster sollte mit Sticktwist oder Perlgarn 5 über zwei bis drei Gewebefäden (ca. 3 bis 4 mm Kreuz) gestickt werden.

Für das Original Rico-Design 36 680 wurde eine randfertige Decke verwendet.

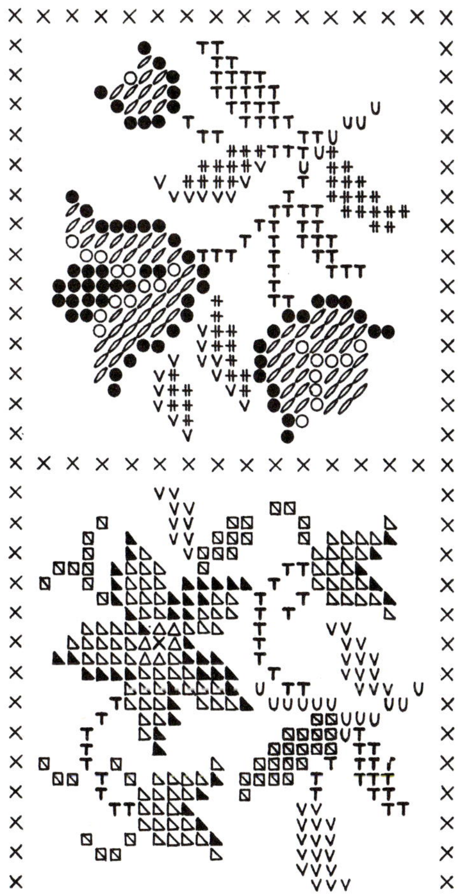

MEZ-Sticktwist ○402 ✖38 ●99 ◣940 ▲307 ∪370 ⧅257 T262 ⧄37 ⌀97 ◺977 △305 ×374 v256 ‡261

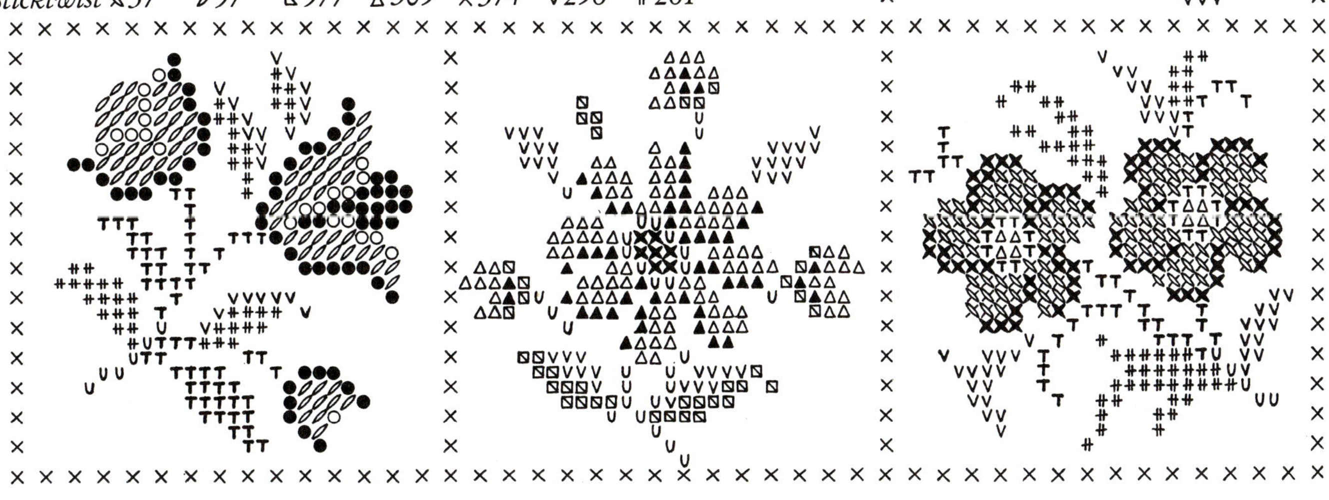

Rüschenschürzen & Kissen aus leichter, luftiger Baumwolle zum Nähen und Sticken

Zu diesem Thema benötigen Sie etwa 60 × 90 cm leichten Baumwoll-Batist oder Hemdenlinon, den Sie nach unserem Schnittbogenmuster zurechtschneiden und zusammennähen.

Alle Teile werden vorher an den Schnittkanten gesäumt oder mit einem Schrägband (Paspel) eingefaßt. Die Stoffstreifen für die Rüschen werden beim Nähen leicht angekräuselt.

Nun kann mit dem Übertragen des Musters gemäß unserer Abbildung begonnen werden.

Hierbei kann das Muster beliebig vergrößert oder verkleinert werden.

Bei der Verteilung der Motive bleibt genügend Spielraum für die eigene Phantasie.

Gestickt wird mit Sticktwist im Platt-, Stiel- und Knötchenstich.

Schürzen-Zuschnitt
Stoffgröße 60 × 90 cm

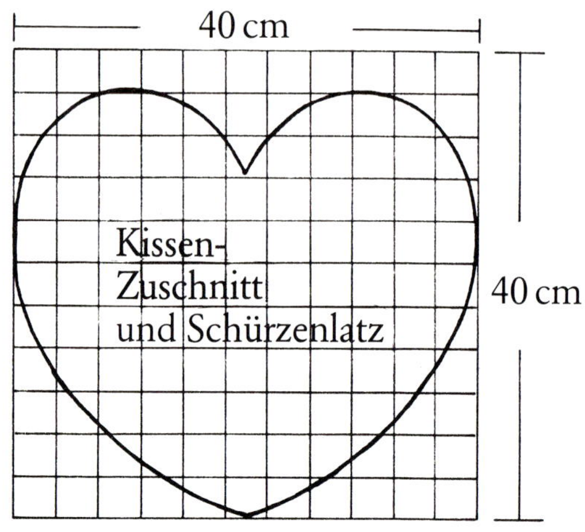

Jedes Quadrat ca. 3,6 cm

Tulpenkissen Rico-Design-Nummer 13 960

Fliederkissen Rico-Design-Nummer 13 980

Für Sport & Strand

Für jeden Sportler das richtige Handtuch

Diese *WEB-TEX*-Frotteetücher haben zwei eingewebte Aidastreifen, die sich für unsere Kreuzstichzählmuster besonders gut eignen. Mit dem abgebildeten Alphabet lassen sich Sportarten oder Namen der Besitzer einsticken... Für einige bekannte Sportarten haben wir Muster entworfen. Mit etwas Geschick können Sie weitere Motive auf Karopapier zeichnen.

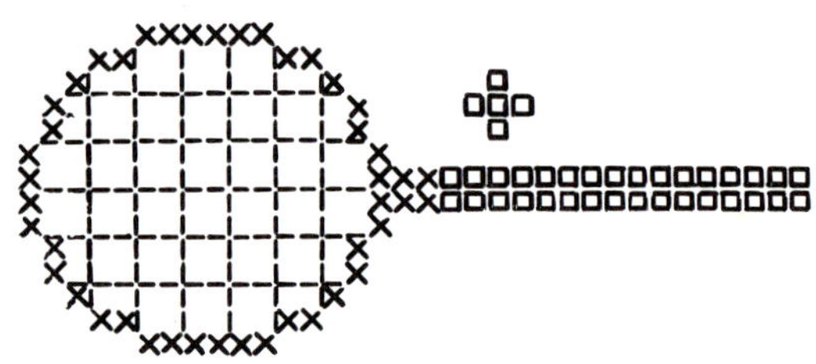

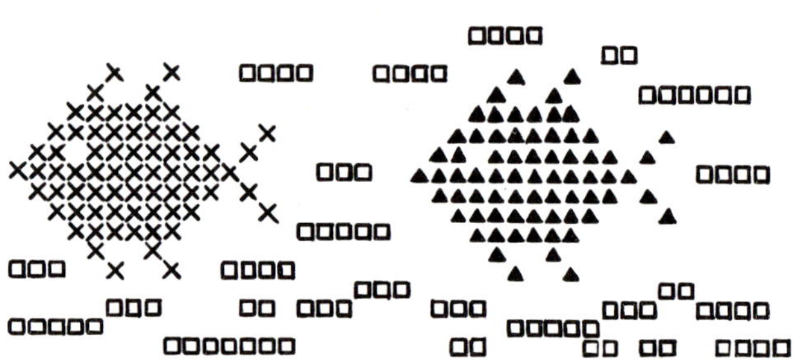

X *Dunkelblau*
□ *Grau*
▲ *Rot*
Stickgarn: MEZ-Sticktwist

Klopf an, tritt ein . . .

Ein gestickter Blickfang für die Wohnungstür:

Rico-Design-Nummer 11 040

Sticken Sie Ihr persönliches Türschild

Die Konturen lassen sich leicht von unserer rechten Abbildung auf ein Stück Transparentpapier übertragen.

Wie diese Zeichnung dann auf den Stoff gedruckt wird, sehen Sie auf Seite 11. Es empfiehlt sich, auf feinem Stoff und mit geteiltem Sticktwist-Faden zu sticken.

Ihren Namen müssen Sie Buchstabe für Buchstabe mit Papier, Bleistift und Pauspapier übertragen.

Um eine gleichmäßige Anlage für die Buchstaben zu haben, sollten Sie sich eine dünne Hilfslinie mit einem Zirkel ziehen. Die Farben können nach freiem Ermessen zusammengestellt werden.

Dies ist auch eine gute Gelegenheit, um Stickgarnreste zu verarbeiten.

ABCDEFGHIJKLMNO

PRSTUVWXYZ &-

Zubehör:
Messingrahmen: ca. 16 cm ∅
Stoff: Baumwollnessel
Garn: Sticktwist oder Stickseide
Pappe: ca. 2 mm stark, 16 cm ∅ (zum Bespannen)
Filz: ca. 16 mm ∅, um die Rückseite sauber abzukleben

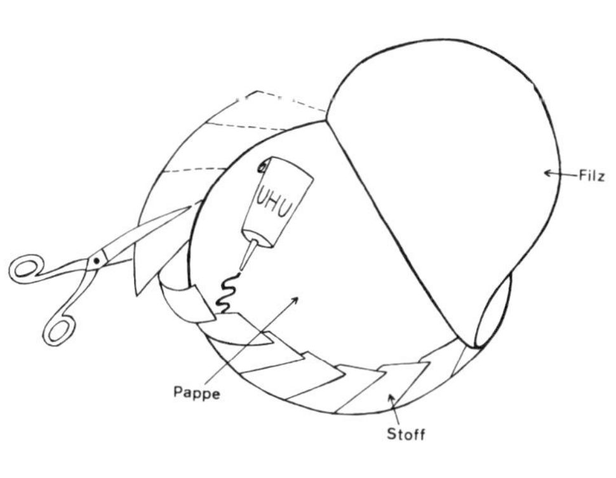

Gestickte Erdbeeren frisch auf den Tisch

Diese Erdbeeren bleiben immer frisch, kein Kunststück, denn sie werden gestickt.

Auf weißem Halbleinen oder Baumwollstoff läßt sich unser Muster mit Papier und Bleistift in der schon dargestellten Weise übertragen.

Gestickt wird mit *MEZ*-Sticktwist im Stiel-, Platt- und Knötchenstich. Wer ein besonders feines Stickbild erzielen will, kann auch mit geteiltem Faden sticken.

Rico-Design-Nummer 36 940 ist auch als vorgezeichnete Tischdecke mit allem Zubehör im Fachhandel erhältlich.

Sommerblumen, die nicht welken

Eine zart gestickte Sommerdecke für den liebevoll gedeckten Kaffeetisch.

Es empfiehlt sich, den unteren Rapport etwas zu vergrößern (Seite 15), so daß er wie auf unserem Foto nebeneinander gereiht etwa 60 × 60 cm groß wird. Entscheidend für das Maß sollte jedoch immer die Tischplattengröße sein. Gestickt wird in den Techniken Platt-, Stiel-, Knötchen- und Schlingstich. Das Garn sollte bis auf den Schlingstich vierfädig verstickt werden.

Rico-Design-Nummer 36 890
Größe 80 × 80 cm mit eingewebtem Jacquardrand

Fröhliche Stickferien auf dem Lande

Rustikale *WEB-TEX*-Leinentücher für Kreuzstich-Zählfreunde

Die eingewebten Aidafelder erleichtern Ihnen das Auszählen auf dem Stoff.
Auf der nächsten Seite zeigen wir Ihnen zwei Möglichkeiten, diese Handtücher zu besticken.
Vielleicht fallen Ihnen noch weitere Motive von Ihrem Urlaub auf dem Lande ein . . .

WEB-TEX Design-Nr. 4/83

- dunkelgrün
- hellgrün
- dunkelblau
- hellblau
- dunkelbraun
- mittelbraun
- hellbraun
- gelb
- rot
- rosa
- ocker
- rost
- lachs
- Gesichtsfarbe

Steppstiche

- schwarz
- mittelbraun
- dunkelgrün
- rost
- blau
- rot
- gelb

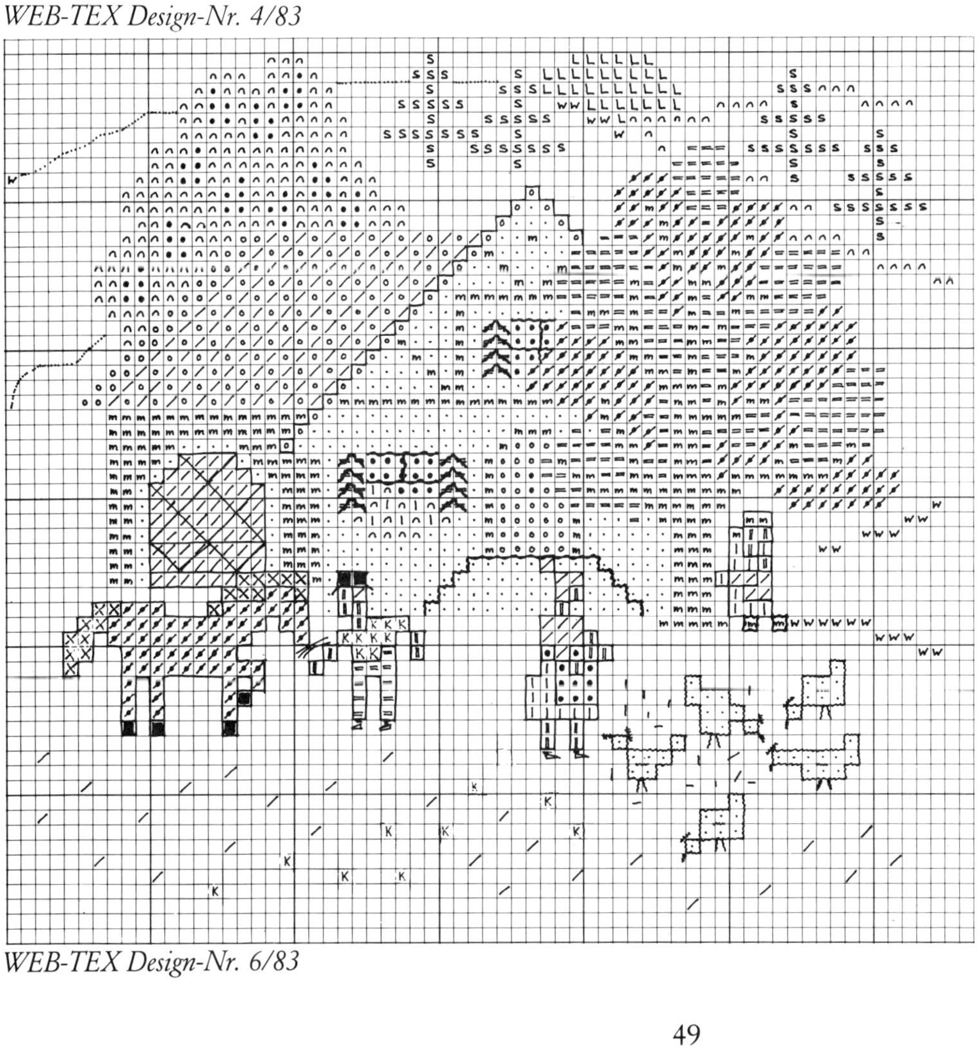

WEB-TEX Design-Nr. 6/83

- beige
- hellbraun
- mittelbraun
- dunkelbraun
- grün-braun
- rot-braun
- rost-braun
- orange-braun
- grün
- hellgelb
- sonnengelb
- weiß
- rot
- Hautfarbe
- grau
- schwarz

Steppstiche

- schwarz
- dunkelbraun
- orange-braun
- grün-braun

Bauern beim Alpaufzug

Viele haben dieses beeindruckende Schauspiel im Urlaub schon miterlebt, wenn im Frühjahr die Bergbauern die Kühe auf die Alm treiben, auf der sie dann mit Senn und Sennerin den Sommer gemeinsam in der Einsamkeit der Berge verbringen. Das Geläut der Glocken klingt noch in unseren Ohren und weckt Erinnerungen an eine schöne Zeit in den Bergen.
Dieser *WEB-TEX*-Wandbehang Nummer 002 kann von Ihnen nach dem unten abgebildeten Muster leicht nachgearbeitet werden.
Sie benötigen ein etwa 40 × 50 cm großes Leinengewebe mit acht Fäden auf 1 cm, dazu Sticktwist, der über zwei Gewebefäden verstickt wird. Die Farben können Sie aus unserem Muster entnehmen, aber auch nach eigenen Vorstellungen variieren. Fertig gestickt kann der Wandbehang gleich hinter dem Kreuzstichrand gesäumt werden.
An der oberen Kante lassen sich Schlaufen für einen Stab zum Aufhängen des gestickten Bildes anbringen.

Hausbau mit Nadel und Faden

Dieses gemütliche *WEB-TEX*-Bauernhaus können Sie sich mit etwas Geduld selbst bauen: Vom Stall bis zum Boden – es wurde nichts vergessen.

Mauern und Dach bestehen aus echtem Holz, die Einrichtung und ihre Bewohner werden gestickt.

Gearbeitet wird auf Rico-jobelan crème mit Sticktwist über zwei Fäden.

Stoffgröße etwa 30 × 50 cm. Für das Holzgerüst benötigen Sie eine Leistenstärke von 10 × 30 mm und eine Länge von 2,5 m, eine Rückwand aus Hartfaser oder Sperrholz von 24 × 37 cm.

Es ist ratsam, erst die Stickerei anzufertigen und dann mit dem Bau des Fachwerkes zu beginnen.

Ungeübte Bastler können das fertige Gerüst sowie das komplette Material auch im Fachhandel kaufen oder über den Verlag beziehen.

20 cm
15 cm
38 cm
8 cm
7,5 cm
13,5 cm

15 cm
14,5 cm
6,5 cm
13,5 cm

Erntedankfest

Roggen, Hafer, Weizen und Gerste sind die Motive für unsere Kreuzstichbilder

Permin-Design-Nummer 12-3155, 12-3156, 12-3157, 12-3154

Die 18 × 43 cm großen Permin-Bilder werden im Kreuzstich nach einem Zählmuster über zwei Gewebefäden auf reinem Leinen (ca. 11 Fäden auf einen Zentimeter) gestickt. Stoffgröße ca. 25 × 50 cm.

Der Kreuzstich wird mit geteiltem Twistfaden, die Konturen jedoch nur mit zweifädigem Steppstich gestickt.

Zwei Zählmuster dieser Bilder finden Sie auf Seite 56 zum Nacharbeiten, die anderen sind im Fachhandel erhältlich.

Stroh & Blumen

Getrocknet in der Vase, gestickt auf dem Tisch

Rico-Design-Nummer 26 310

Eine Tischdecke für den rustikal gedeckten Tisch!
Als Tagesdecke während der Erntezeit gibt sie Ihrem Heim die richtige Atmosphäre.
Auch diese Decke können Sie nach der Rapportskizze auf der Seite 57 und nach unserem bewährten System von Seite 15 nacharbeiten.
Sie benötigen hierfür braunes Rico-Strukturgewebe oder einen anderen Baumwollstoff, Sticktwistgarn in den goldenen Farben der Kornähren, Bleistift und Papier.
Das Motiv kann kreisförmig oder nach Belieben auf der Tischdecke verteilt werden. Gestickt wird in Platt-, Stiel-, Knötchen- und Schlingstich.

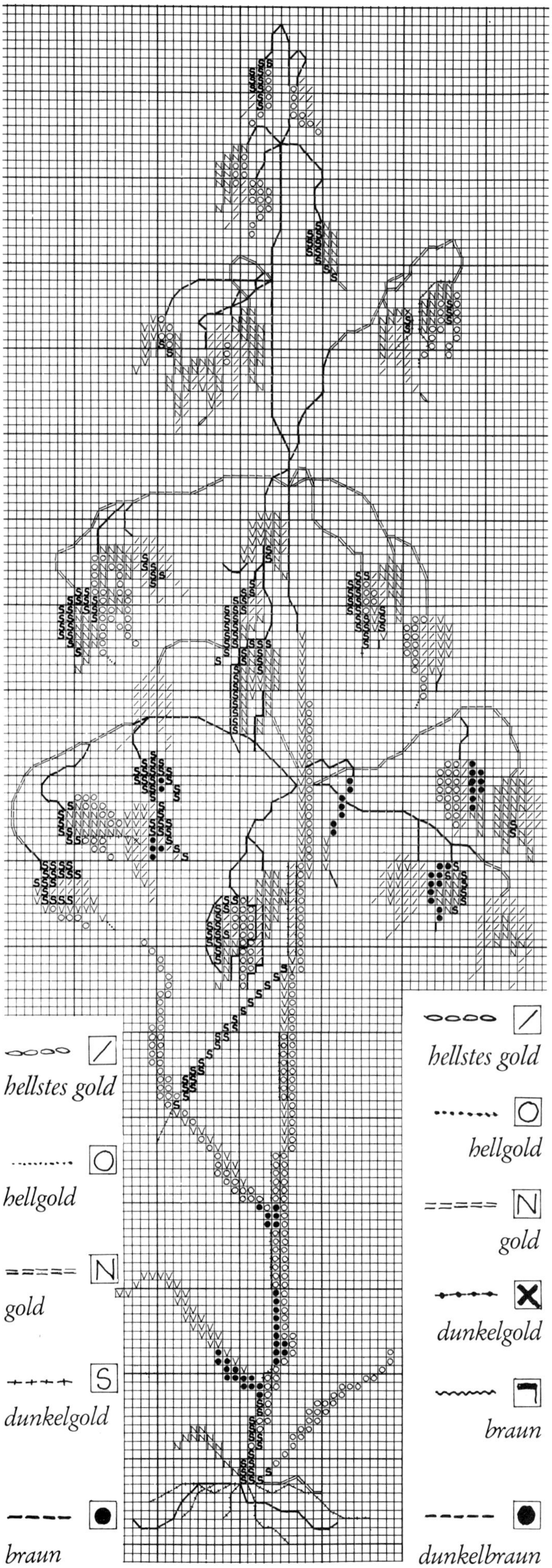

Symbol	Colour
/	*hellstes gold*
O	*hellgold*
N	*gold*
S	*dunkelgold*
●	*braun*

Symbol	Colour
/	*hellstes gold*
O	*hellgold*
N	*gold*
X	*dunkelgold*
⌐	*braun*
●	*dunkelbraun*

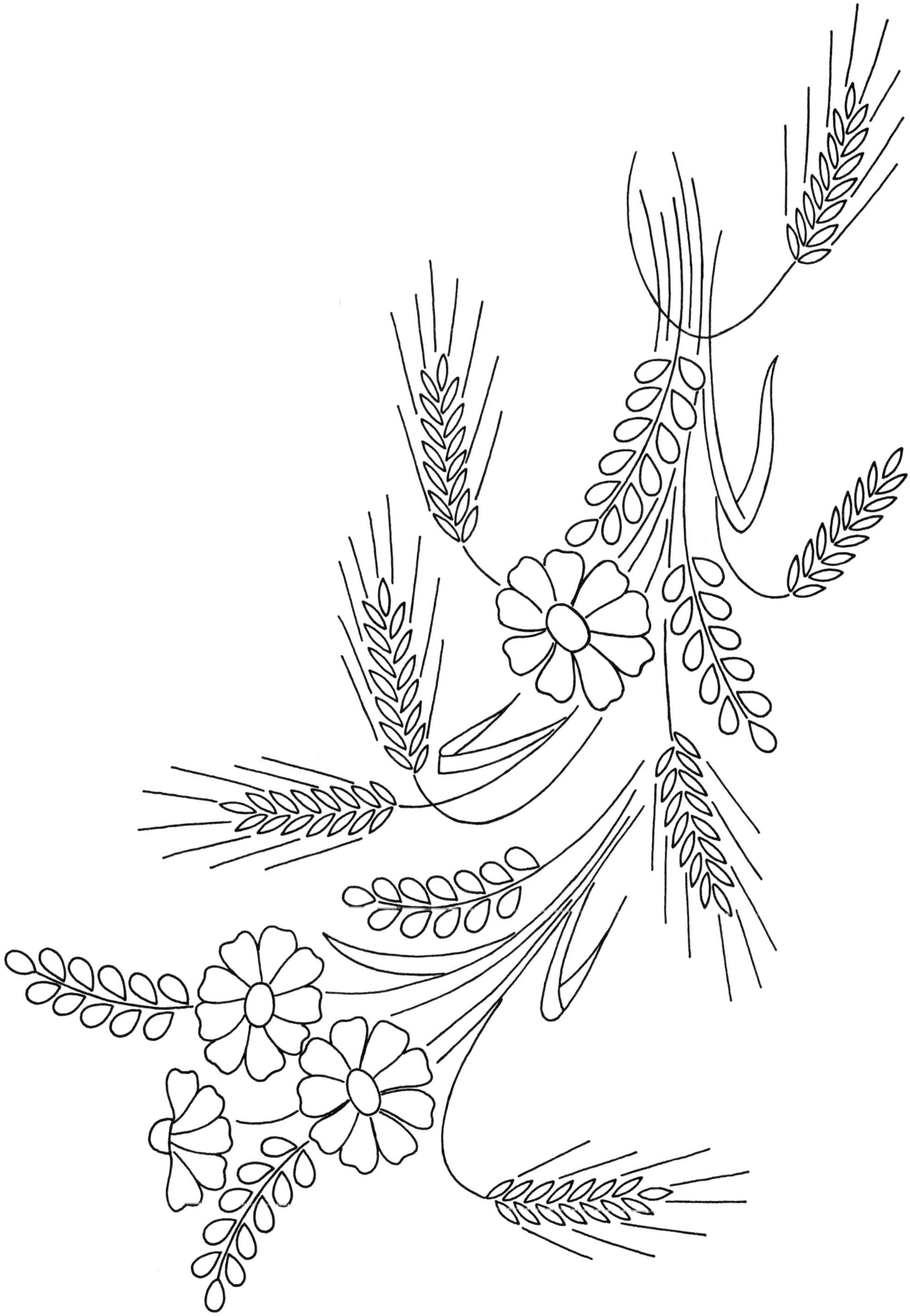

Der Fliegenpilz

Wenn er auch nicht eßbar ist, so ist er doch der schönste unter den Pilzen!

Wer möchte, kann diese herbstliche Decke nach einem Zählmuster auf Leinen oder Baumwolle im Kreuzstich über zwei bis drei Gewebefäden nacharbeiten.

Sie sollten hierfür *MEZ*-Perlgarn 5 oder Sticktwist verwenden. Die Farbnummern entnehmen Sie bitte unserem Zählmuster. Jede Farbe wurde hier durch ein Symbol gekennzeichnet.

Der Garnverbrauch liegt etwa bei einem Strang pro Farbe.

Vergessen Sie nicht, vor Stickbeginn die Mitte des Motivs auf der Decke festzulegen.

Rico-Design-Nummer 37 690
Größe 80/80 cm

MEZ-Sticktwist

- □ *301*
- ⊠ *11*
- ✖ *13*
- ◺ *369*
- ◣ *370*
- ○ *392*
- ● *393*
- △ *260*
- V *261*
- ▲ *262*
- ■ *870*
- × *397*

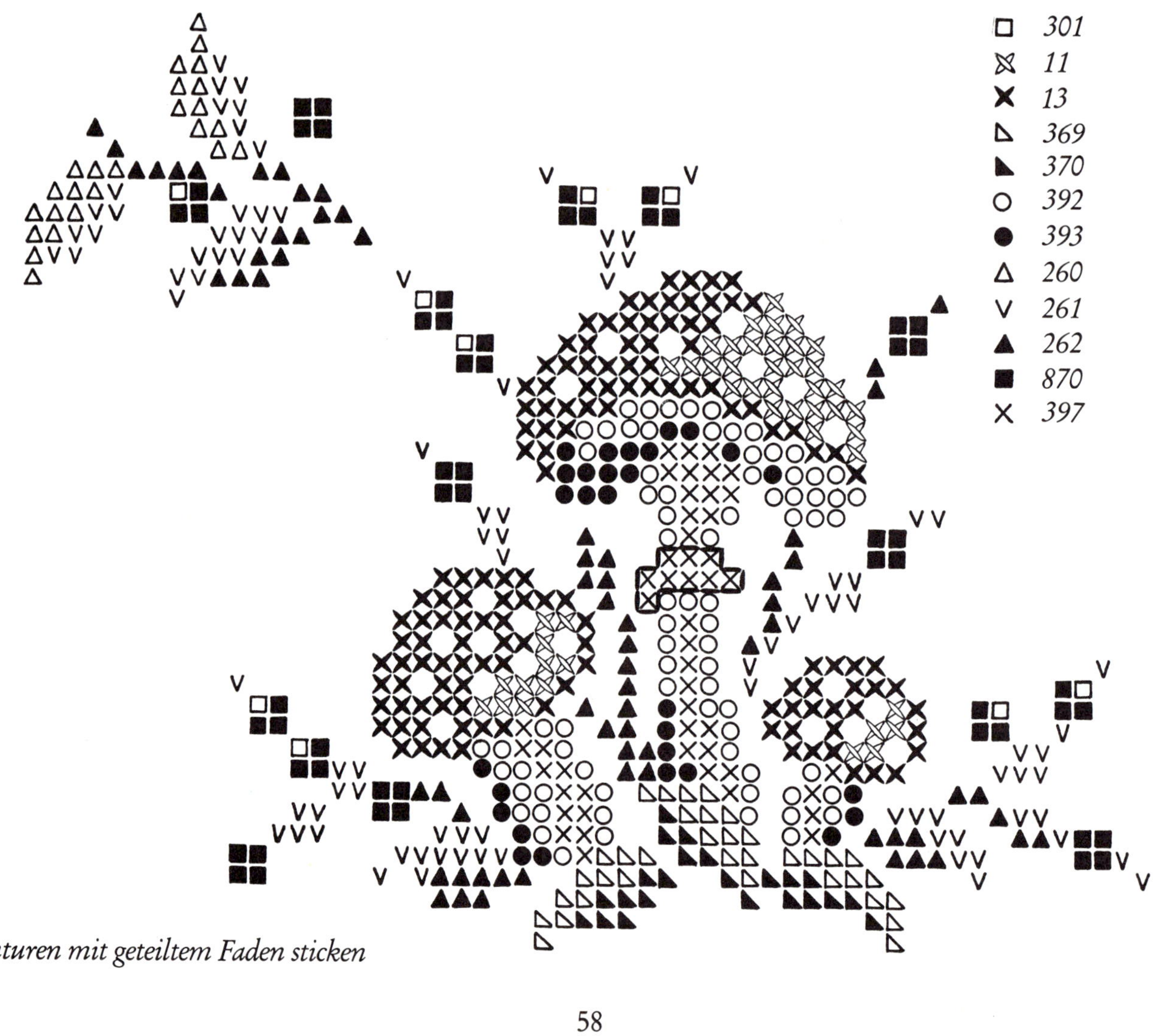

Konturen mit geteiltem Faden sticken

Der Herbst naht

Die Natur zeigt sich in schönen erdfarbenen Tönen! Bei dieser Tischdecke finden Sie Gräser, Stauden, Blüten und Blätter vom Wegesrand wieder.

Ton in Ton wurden sie vom dunklen Grün bis zum hellen Oliv und in zarten Gelbtönen gestickt.

Gearbeitet wird mit *MEZ*-Sticktwist im Platt-, Stiel-, Spann- und Schlingstich.

Aus dem unten abgebildeten Rapport lassen sich wieder eigene Ideen für die Gestaltung einer Tischdecke entwickeln.

Rico-Design-Nummer 37 130

Um die Gräser besonders gut ausarbeiten zu können, empfiehlt es sich, vierfädig zu sticken.

Pilzduft liegt in der Luft

Das schönste dieser Pilzbilder haben wir für Sie ausgesucht: Auf der nächsten Seite finden Sie das Zählmuster für den Fliegenpilz. Es wird über zwei Gewebefäden mit geteiltem Twistfaden auf reinem Leinen (11 Fäden auf 1 cm) nach einem Zählmuster gestickt.
Das Motiv wird ca. 16 × 18 cm groß. Der Rahmen sollte 30 × 30 cm und der Zuschnitt etwa 40 × 40 cm groß sein.

Permin-Design Fliegenpilz

Zählen & Sticken

Fangen Sie mit dem Zählen immer in der Mitte an. Den Stoff müssen Sie doppelt falten und im Falz kniffen, die Mitte wird durch ein gesticktes Kreuz markiert.

Jedes Symbol steht für eine Farbe (siehe Garn-Nummern). Sticken Sie nie mit zu langen Fäden und verknoten Sie die Fäden am Ende nicht, sondern benutzen Sie hierfür immer einen Steppstich, der zweimal in die eine Richtung und einmal zurückgestickt wird.

◆	*380*	S	*347*	O	*903*	▖	*400*	◻	*239*	L	*214*	·	*2*
◥	*341*	↘	*387*	>	*397*	●	*401*	■	*218*	P	*890*		
⊘	*339*	H	*391*	/	*858*	‖	*204*	◣	*862*	‖‖	*907*		
\	*337*	◇	*392*	V	*8581*	↙	*261*	И	*860*	◣	*403*		

Pütt & Pann

Blankgeputzte Kupferkrüge zieren die Wand. Die nach einem Zählmuster im Kreuzstich gestickten Permin-Minibilder sind circa 9 × 11 cm groß und werden mit *MEZ*-Sticktwist auf Aida-Stoff gestickt. Mit einem echten Holzrahmen versehen, schmücken sie jede Wohnzimmer- oder Küchenwand. Dies ist eine Handarbeit, die auch für Zählanfänger gut geeignet ist. Zwei dieser Mini-Zählmuster haben wir für Sie zum Nacharbeiten ausgesucht.

Permin-Design-Nummer:

40-4105 *40-4106*

40-4104 *40-4107*

I *gelb* U *hellgold* ◥ *gold* ---- ★ *dunkelgold* *mit 2 Fäden sticken*

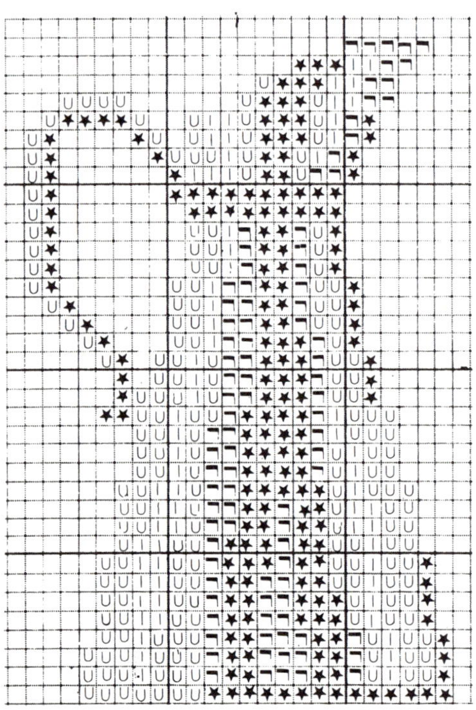

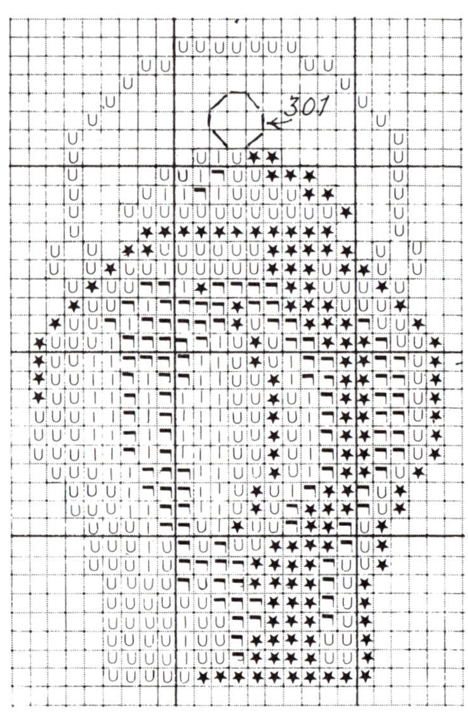

Das Tablett an der Wand

Der Tabletthalter ist eine praktische und nützliche Stickidee! Mit wenig Aufwand ist dieser schöne Gegenstand auch für Ihre Küche zu fertigen.

Sie benötigen nur 2 Meter Hardanger-Band, das durch seine beiden Webkanten nicht mehr gesäumt werden muß, einen Holzring, etwas *MEZ*-Sticktwist, eine Nadel und unser abgebildetes Zählmuster. Sie werden erstaunt sein, wie schnell diese Arbeit anzufertigen ist.

Permin-Design-Nummer 38-3217

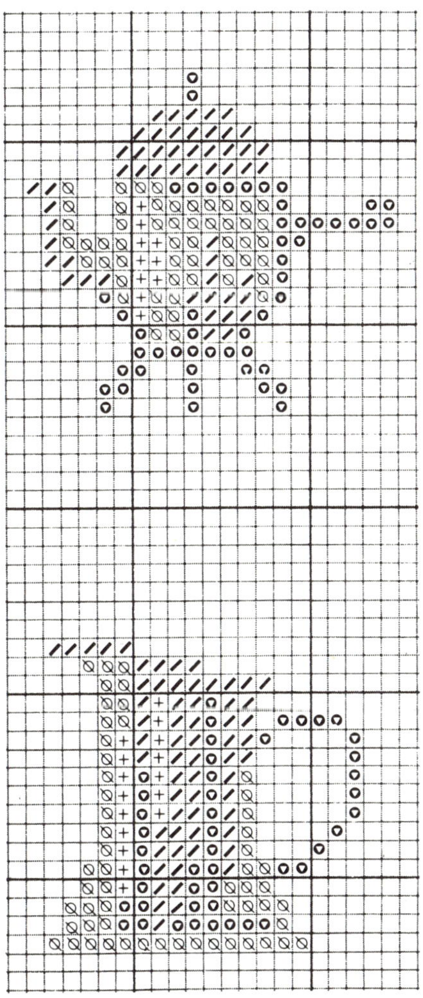

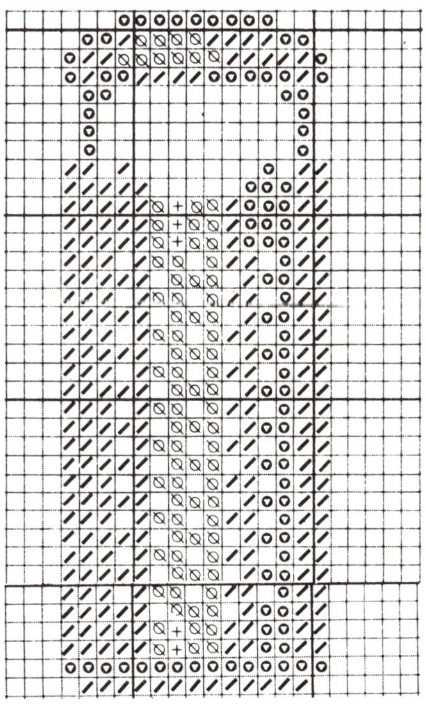

mit 2 Fäden sticken

+ *gelb*
Ø *hellbraun*
/ *braun*
O *dunkelbraun*

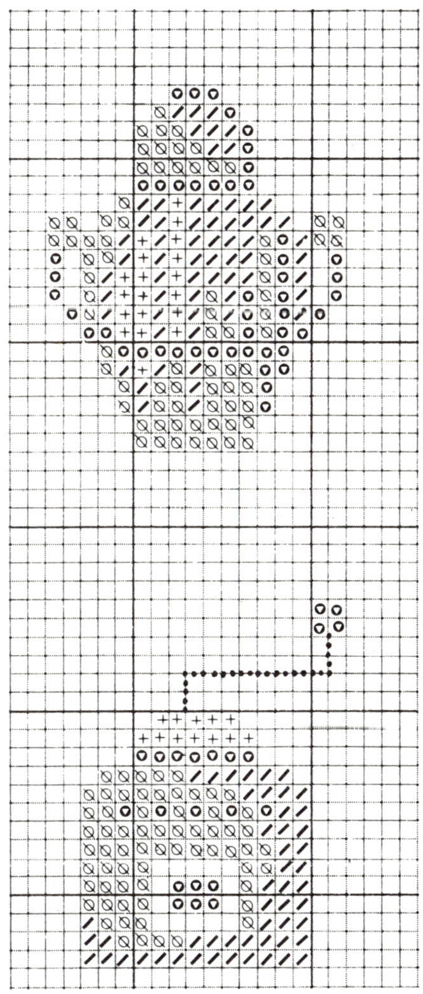

Gestickte Stunden

Diese Permin-Uhr können sie selbermachen! Das Zifferblatt wird nach einem Zählmuster gestickt und dann auf eine Holzplatte (30 × 40 cm und 5 mm stark) gespannt.

Uhrwerk und Zeiger gibt es bei Ihrem Uhrmacher.

Als Stickgrund empfehlen wir Reinleinen, 11 Fäden auf 1 cm. Das gleiche Material gibt es als Band ca. 7 cm breit, es eignet sich auch als Tabletthalter und Borte zum besticken. Wer Schwierigkeiten bei der Beschaffung des Materials hat, kann dieses auch über den Verlag bestellen.

Permin-Design-Nummer
40-4111

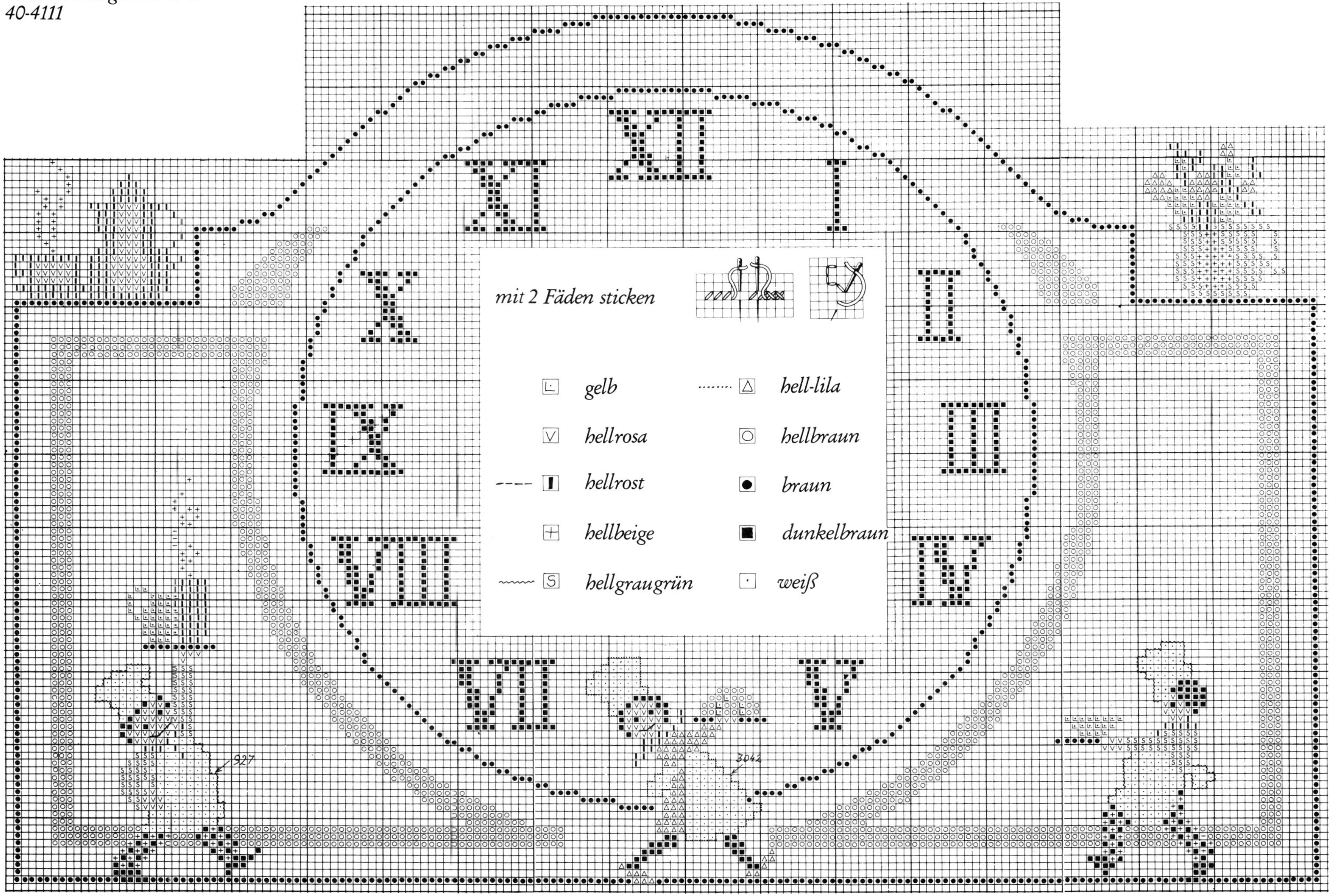

Merktafel nach altem Vorbild

Wie schon zu Großmutters Zeiten, als solche Tafeln den Lebenslauf einer Person in Wort und Bild wiedergaben, wurde auch dieses Permin-Modell nach einem alten Vorbild für die Wand gestickt.

Mit dem abgebildeten Alphabet (Seite 66) und Zahlen können auch persönliche Daten wie Geburt, Taufe, Konfirmation oder Hochzeit eingestickt werden. Ausgeführt wird die Arbeit auf reinem Leinen rustikal mit Mattstickgarn, Perlgarn 5 oder Twist über zwei bis drei Gewebefäden, je nach gewünschter Größe.

Wer will, kann bei diesem Modell auch seine Garnreste verwerten und die Verteilung der Farben selbst vornehmen. Anschließend empfiehlt es sich, das Modell auf eine Platte zu spannen, die dann wiederum auf eine etwas größere, einfarbige geklebt werden kann (s. unsere Abbildung).

Permin-Design-Nummer 39-4119

356
Hvid

69060
Kissen: 42/42

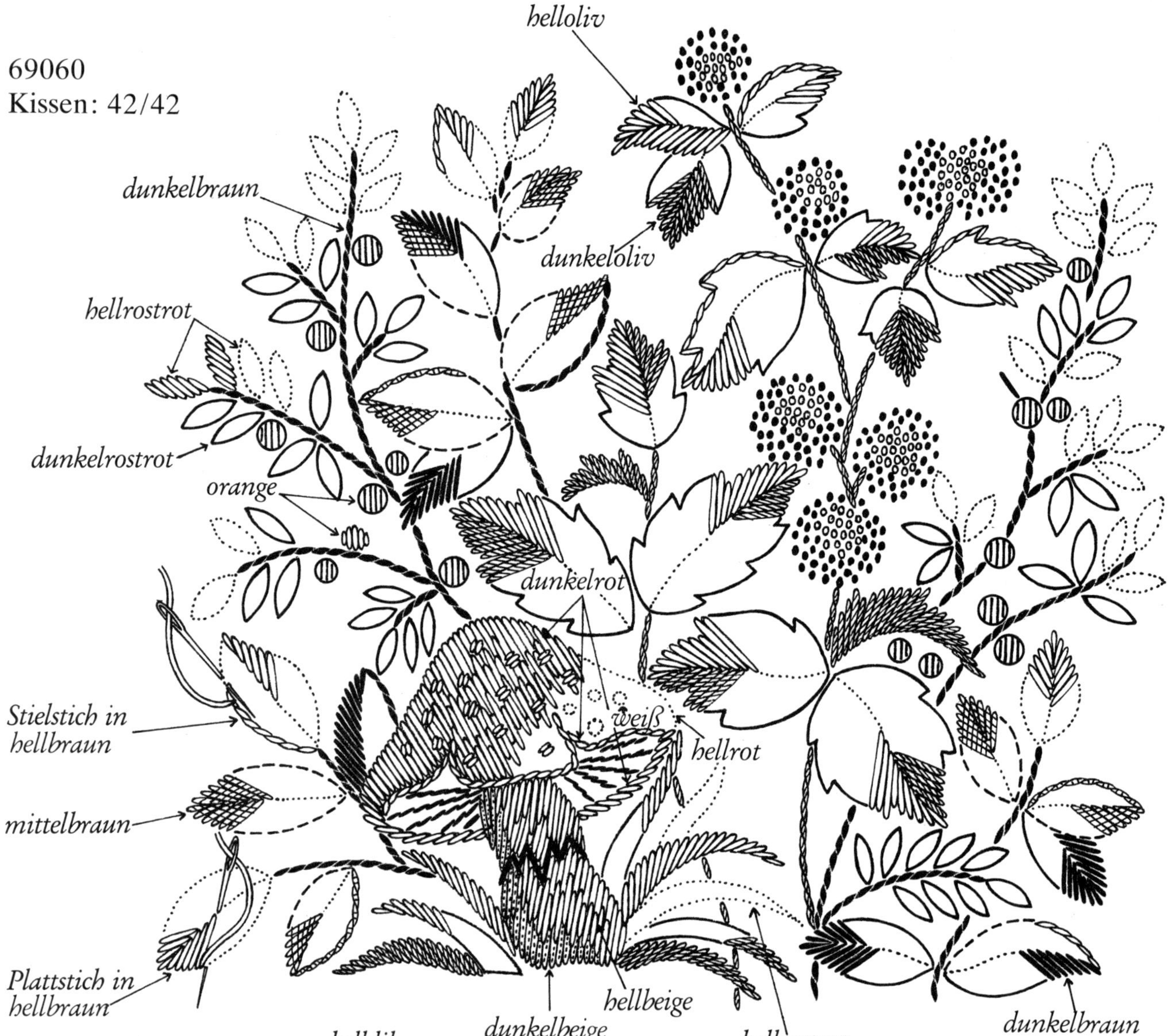

Decke: 85/85

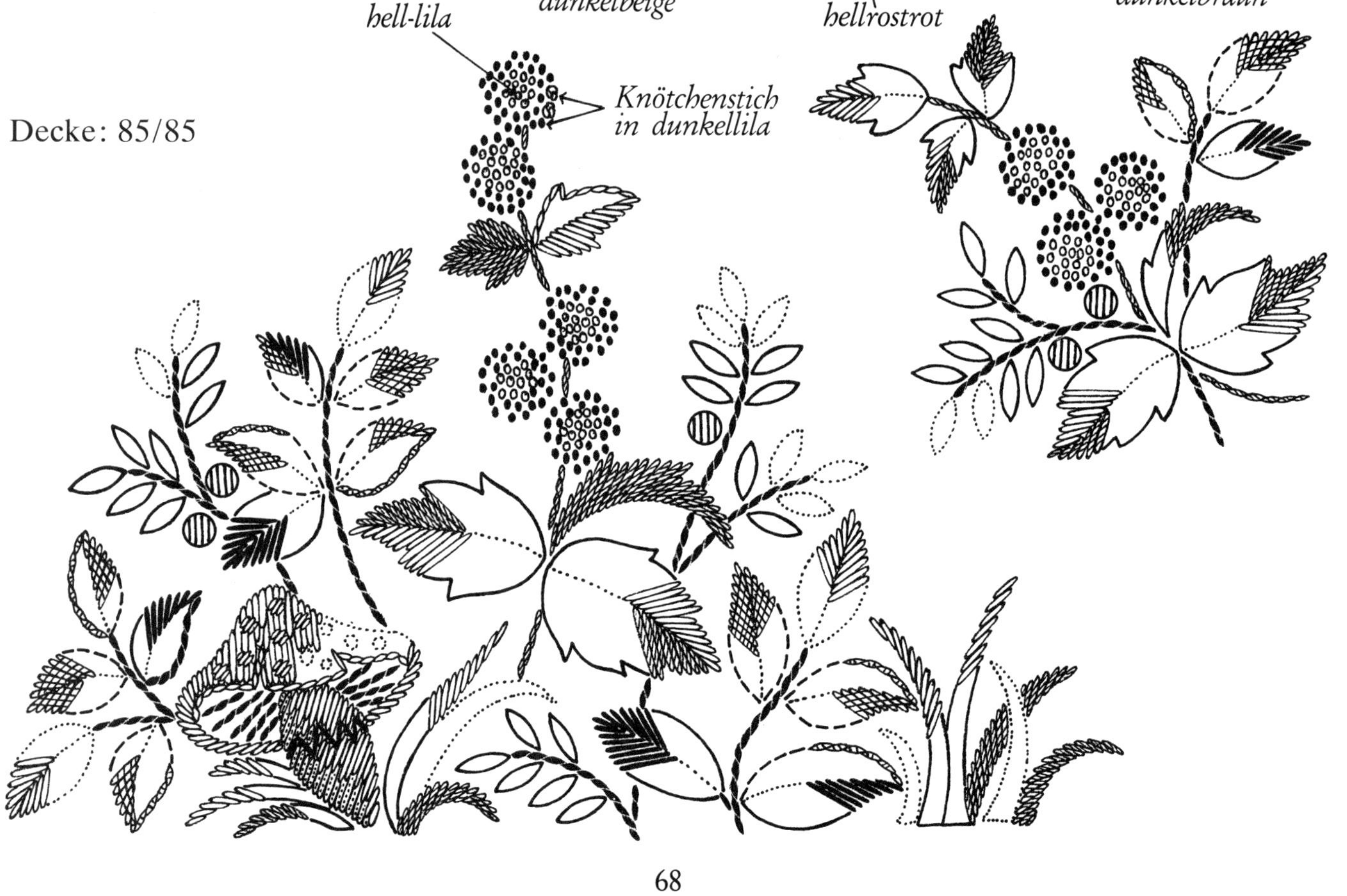

Pilze, Gräser & Blätter

Viele Sammler sind jetzt auf der Suche nach Pilzen, vertrockneten Gräsern und Blättern in den schönen, goldenen Farbtönen, die uns die Natur nur im Herbst bieten kann.

Wer sich lange Wanderungen und die Suche nach den richtigen Gräsern ersparen will, hat hier die Möglichkeit mit etwas Geschick den Herbst im Bild festzuhalten und eines unserer Kissen oder die Decke nachzuarbeiten.

Und so wird's gemacht

Die abgebildete Zeichnung wird nach der Arbeitshilfe auf Seite 15 auf etwa 25 cm vergrößert.
Der Kissenzuschnitt sollte 40 × 40 cm betragen.
Gestickt wird das Rico-Design mit *MEZ*-Sticktwist in Platt-, Stiel-, Knötchen- und Schlingstich auf naturfarbenem, rustikalem Strukturgewebe.

Rico-Design-Nummer 69 060

Weihnachten naht

Die Abende werden länger, die ersten Vorbereitungen für das größte und schönste Fest im Jahr werden getroffen. Was wäre jedoch eine weihnachtliche Dekoration ohne die entsprechende Tischdecke?

Wir zeigen Ihnen auf diesen Seiten zwei Stickideen, die besonders gut in die vorweihnachtliche Zeit passen. Sie sind beide leicht zu sticken und können original oder vergrößert nach unserer Anleitung auf Seite 15 auf den Stoff übertragen werden. Gestickt wird mit *MEZ*-Sticktwist oder Perlgarn Nummer 5 im Stiel-, Platt- und Spannstich.

Rico-Design-Nummer 46 180
Größe: 80/80 cm

mit großen Schritten

Als Grundmaterial eignet sich für diese Decken ein rustikales Gewebe in natürlichen Farben.

Die Verteilung der Motive kann je nach Geschmack und Tischgröße selbst vorgenommen werden. Wer sich zutraut, andere Formate zu entwerfen, kann auch einen Stern, ca. 50 cm Durchmesser mit sechs Ecken, eine runde Decke oder einen länglichen Tischläufer anfertigen.

Als Abschlußkante eignen sich ein Saum oder eine rustikale Borte, die Sie im Fachhandel kaufen können.

Rico-Design-Nummer 46 360
Größe 110/110 cm

Permin-Design-Nummer 1-3249

Permin-Design-Nummer 1-3248

Weihnachtsstickereien klein, aber fein

Dies ist eine Mini-Stickerei, die auch für Leute mit wenig Stickerfahrung geeignet ist. Alle Teile sind schnell und leicht zu sticken.

Solche persönlichen Handarbeiten eignen sich sehr gut als Tannenbaumschmuck, Paketanhänger oder auch als Verpackung für kleine Geschenke.

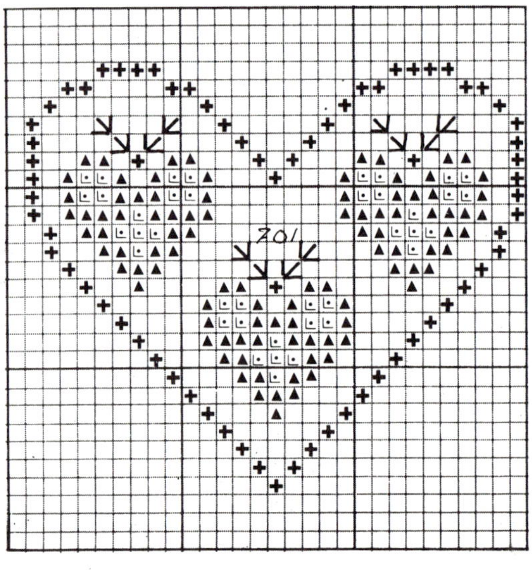

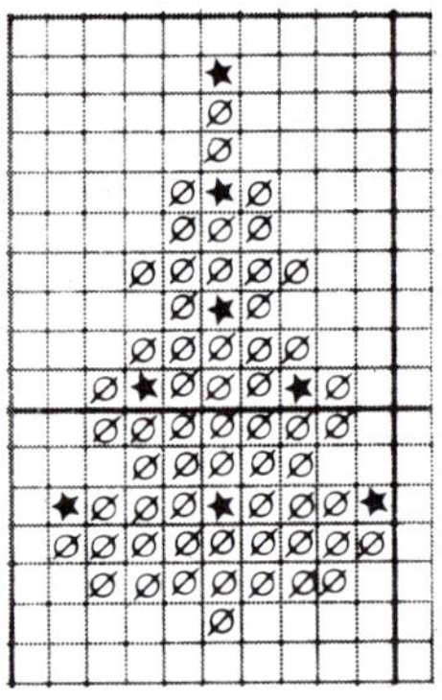

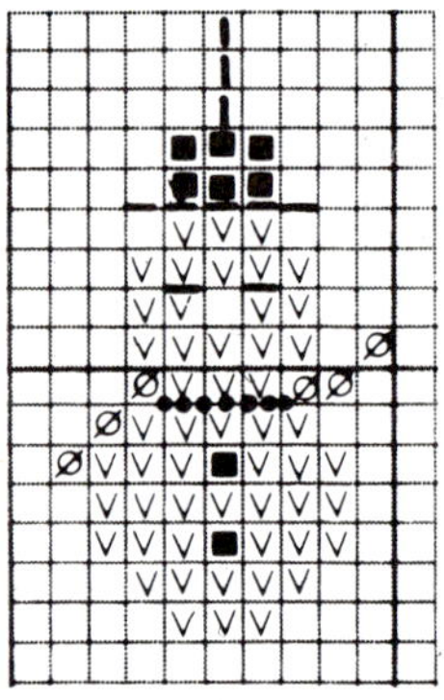

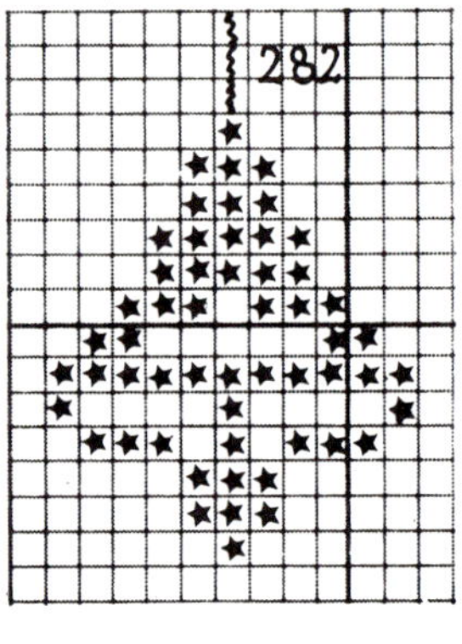

Permin-Design-Nummer 1-3250

WEB-TEX-Design-Nummer 001

Nun ist Nikolaus gar nicht mehr weit

Als Stickgrund wurden für diese Arbeiten farbiger Aida-Stoff und rustikales Jutegewebe verwendet. Beides eignet sich für Zählarbeiten besonders gut.

Gestickt wurde mit *MEZ*-Sticktwist. Wer will, kann mit Astrella-Gold oder -Silber zusätzliche Effekte erzielen.

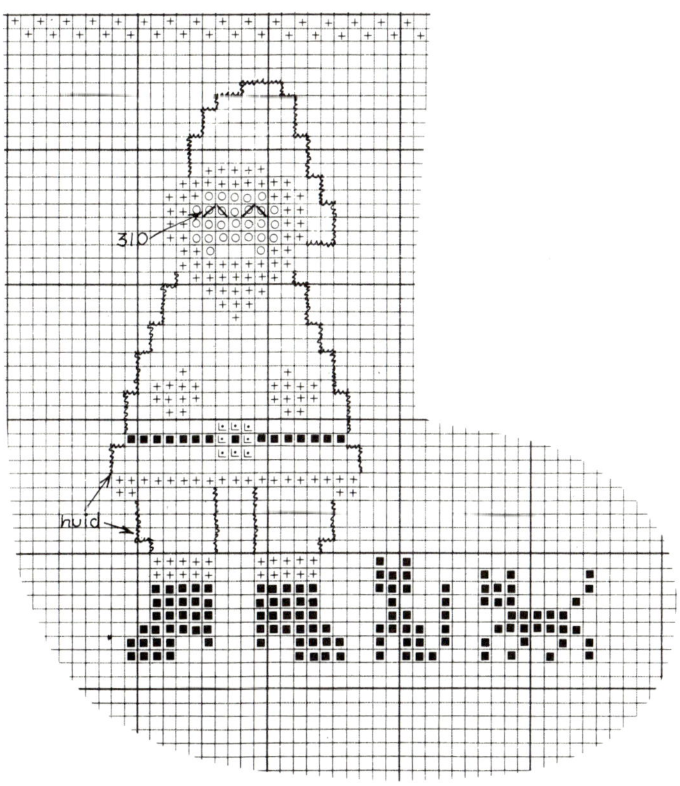

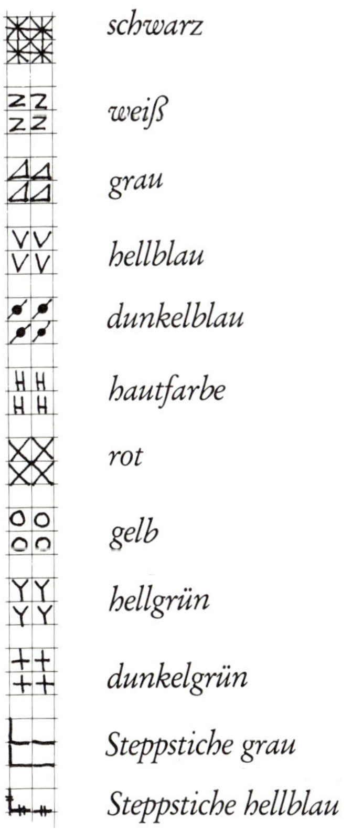

- [/] *gelb*
- [U] *gold*
- [★] *dunkelgold*
- [Λ] *hellrosa*
- [+] *rosa*
- [S] *rot*
- [◣] *dunkelrot*
- [N] *grün*
- [●] *dunkelgrün*
- [X] *hellgrau*
- [⌐] *grau*
- [■] *schwarz*
- [–] *weiß*

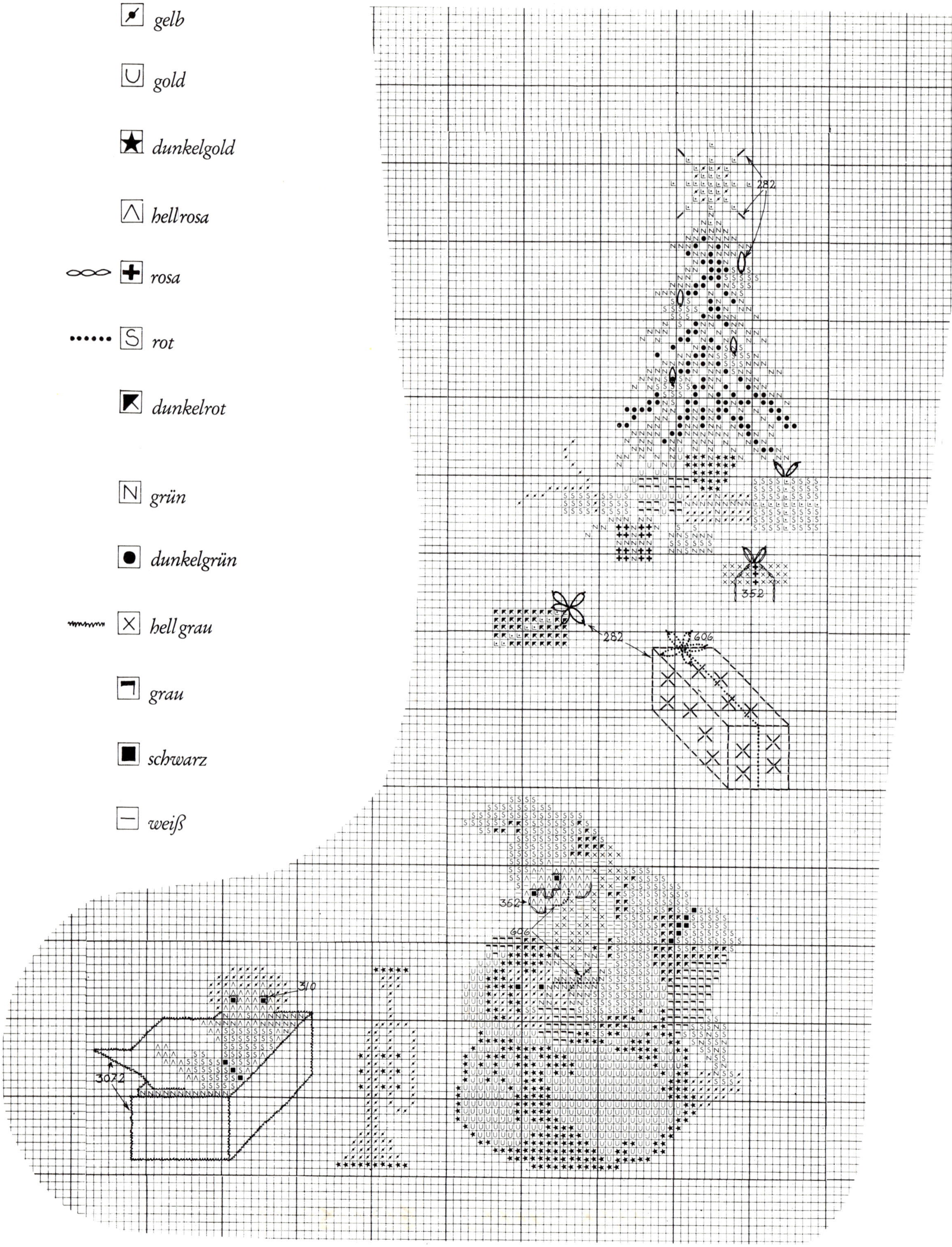

6. Dezember: Der Nikolaus kommt

Wer am Abend vor Nikolaus diese gestickten Schuhe aufstellt, wird am nächsten Morgen mit Sicherheit eine Überraschung vorfinden.

Damit keine Verwechslungen auftreten können, sollte das Muster auf verschiedenfarbigen Aida-Stoffen gestickt werden.

Mit etwas Phantasie lassen sich auch noch Namen einsticken.

Gestickt wird mit *MEZ*-Sticktwist nach einem Zählmuster von Permin. Die beiden Stoffzuschnitte werden mit einem Schrägband (Paspel) zusammengenäht. Bei entsprechender Stoffzugabe können die Teile auch von links ohne Schrägband vernäht werden.

Permin-Design-Nummer 41-3240 braun · Permin-Design-Nummer 41-3241 weiß

Morgen, Kinder, wird's was geben...

Was wäre ein Weihnachtsfest für Große und Kleine ohne den mit Überraschungspaketen behängten Adventskalender!
24 Tage vor dem wichtigsten Fest des Jahres sorgt er für vorweihnachtliche Stimmung. Unsere Abbildung zeigt, daß sich unsere Motive auch für eine Tischdecke eignen. Sogar ein Nikolaus- oder Nußsack kann mit diesen Vorlagen gestickt werden.
Als Stickgrund eignen sich alle rustikalen Gewebe wie Jute- oder grobe Wollstoffe. Gestickt wird im Kreuzstich, für die Konturen wählt man den Stepp- oder Stielstich. Als Stickgarn empfehlen wir Sticktwist, Perlgarn Nummer 3 und 5, sowie Kelimwolle von *MEZ*.
Die Messingringe gibt es im Handarbeitsgeschäft, sie werden mit wenigen Stichen unter den eingestickten Zahlen befestigt.

Rico-Design-Nummer 46 100

1 2 3 4
5 6 7 8
9 10 11 12
13 14 15 16
17 18 19 20
21 22

Bestechend gestickte Extras

Neuer Glanz für die Küche

Diese drei Stickmotive bringen Abwechslung in Ihre Küche! Handtücher, Schürzen, Tischdecken, Mini-Gobelinbilder – unsere Motive finden eine vielfältige Anwendung im Küchenbereich.
Da es die Stoffe auch in anderen Farben gibt, lassen sich die Stickmotive der jeweiligen Einrichtung farbig anpassen.
Als Stickgrund für die Tischdecke verwendeten wir ein robustes Küchen-Hardanger (150 cm breit). Handtücher und Schürzen (die bereits fertig vernäht sind) wurden auf Reinleinen gearbeitet. Gestickt wird mit Sticktwist von *MEZ* im Kreuzstich.
Die eingewebten Aida-Felder in Handtüchern und Schürzen, sowie das grobe Küchen-Hardanger für die Tischdecke erleichtern das Auszählen und Sticken nach unserem abgebildeten Zählmuster.
Die kleinen Gobelinbilder wurden auf weißem feinen Stramin (7 Fäden auf 1 cm) gestickt und mit kleinen, etwa 6 cm runden Bilderrahmen (Fachhandel) eingerahmt.

MEZ Sticktwist

∅	*hellblau*	*128*
v	*mittelblau*	*131*
×	*dunkelblau*	*148*

Drei Motive für 100 Stickideen

Handtücher:	*WEB-TEX* fertig vernäht aus reinem Leinen
Farben:	blau/weiß, weiß/blau, sowie in rost, braun, oliv, rot und grün

Permin Küchen-Hardanger 100 % Baumwolle

Stoffbreite:	150 cm
Farben:	blau, rot und braun

Schürzen:	*WEB-TEX* fertig vernäht aus reinem Leinen
Farben:	blau, rot

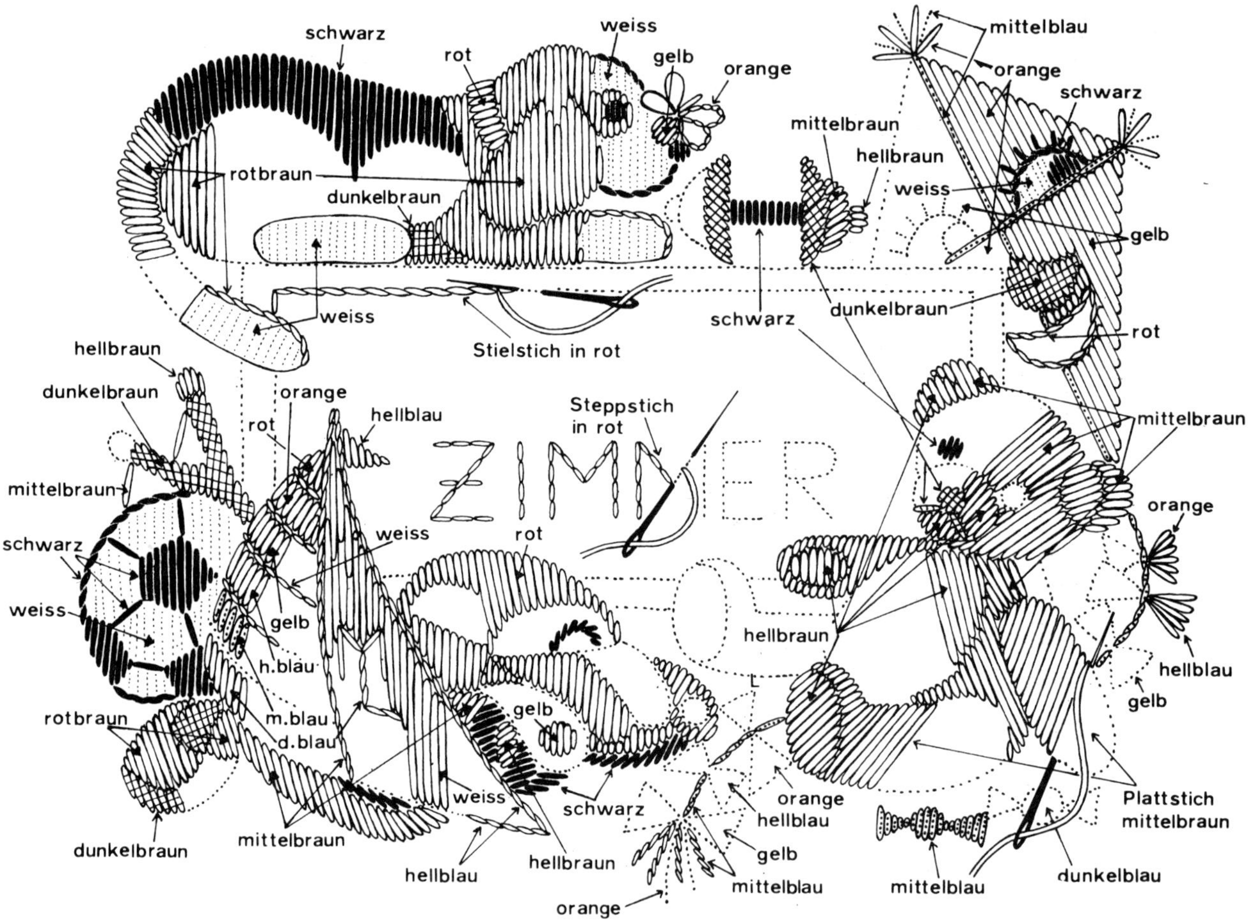
schwarz
weiss
rot
gelb
orange
mittelblau
orange
schwarz
mittelbraun
hellbraun
rotbraun
dunkelbraun
weiss
gelb
weiss
schwarz
dunkelbraun
rot
Stielstich in rot
hellbraun
dunkelbraun
orange
rot
hellblau
Steppstich in rot
mittelbraun
mittelbraun
orange
ZIMMER
schwarz
weiss
rot
weiss
gelb
h.blau
hellbraun
hellblau
gelb
m.blau
d.blau
rotbraun
gelb
weiss
schwarz
orange
hellblau
Plattstich mittelbraun
dunkelbraun
mittelbraun
hellblau
hellbraun
gelb
mittelblau
mittelblau
dunkelblau
orange

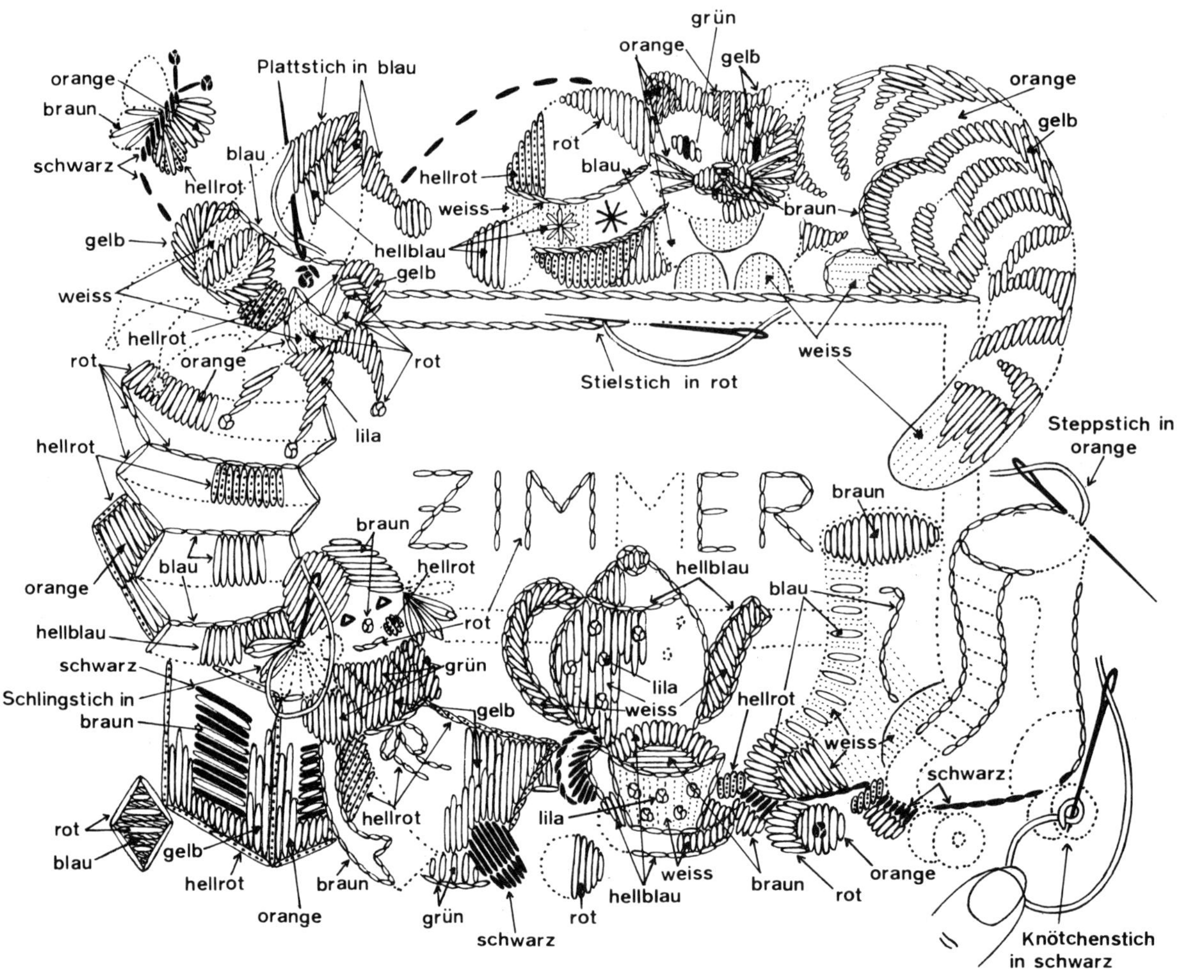
grün
orange
gelb
orange
orange
Plattstich in blau
braun
schwarz
blau
hellrot
rot
blau
hellrot
weiss
braun
gelb
gelb
hellblau
gelb
weiss
hellrot
orange
rot
rot
Stielstich in rot
weiss
lila
hellrot
Steppstich in orange
ZIMMER
braun
braun
hellrot
hellblau
blau
orange
blau
rot
hellblau
schwarz
grün
lila
Schlingstich in braun
gelb
weiss
hellrot
weiss
schwarz
hellrot
lila
rot
blau
gelb
hellrot
orange
braun
grün
schwarz
rot
hellblau
weiss
braun
rot
orange
Knötchenstich in schwarz

Hier steht's gestickt, wer hinter dieser Tür wohnt

Mit diesen gestickten Türschildchen kann man viel Freude bereiten! Man stickt nicht nur die Namen der Bewohner, sondern kennzeichnet die Schilder auch durch typisches Spielzeug für Jungen und Mädchen. Gestickt wurde im Platt-, Stiel- und Steppstich mit geteiltem *MEZ*-Kelimfaden.
Das fertiggestickte Schild wird auf eine Pappe gespannt, die mit etwas dünnem Schaumstoff oder Watte abgepolstert wird. Die Rückseite sollte mit einem Stück selbstklebendem Filz sauber abgedeckt werden. Zum Schluß wird noch ein Wollfaden zum Aufhängen angebracht, und fertig ist das individuelle Türschild für's Kinderzimmer.

Rico-Design-Nummer 26 070 für Mädchen · Rico-Design-Nummer 26 080 für Jungen

Ein Baby kommt ins Haus

An die Geburt eines Kindes erinnern diese wunderschönen Plaketten.

Sie werden im Kreuzstich nach einem Zählmuster gestickt.

Die Namen sowie wichtige Daten der Geburt können eingestickt werden. Ob auf eine runde Pappscheibe und mit einer Schleife versehen, oder in einen ovalen Bilderrahmen gespannt, sind sie gerade für die Großmütter ein beliebtes Geschenk. Eine dieser Erinnerungsplaketten haben wir für Sie als Zählmuster abgebildet.

Die anderen sind unter der Permin-Design-Nummer 35 A – 3139 für Knaben und 35 A – 3138 für Mädchen im Fachhandel oder über den Verlag zu erhalten.

Permin-Design-Nummer 12-3102 rosé
Permin-Design-Nummer 12-3103 h'blau
mit 2 Fäden sticken

Symbol	Nr. (handschriftlich)	Farbe
⁚	23	*hellstes rosa bzw. blau*
◸	73	*hellrosa*
S	25	*rosa bzw. blau*
☒	40	*dunkelrosa*
‖‖	42	*dunkelstes rosa*
C	10	*hellstes rot bzw. blau*
Ø	47	*hellrot bzw. blau*
▼ / ----	110	*lila*
⊙	387	*beige*
O	367	*hellstes braun*
≡	437	*hellbraun*
⊠ / ┴┴┴┴	369	*braun*
✖	20	*rotbraun*
◙	360	*dunkelbraun*
/	397	*hellgrau*
Z	398	*grau*
⁄·	215	*grün*
6	869	*hell-lila*
■ / ～～	403	*schwarz*
·	02	*weiß*

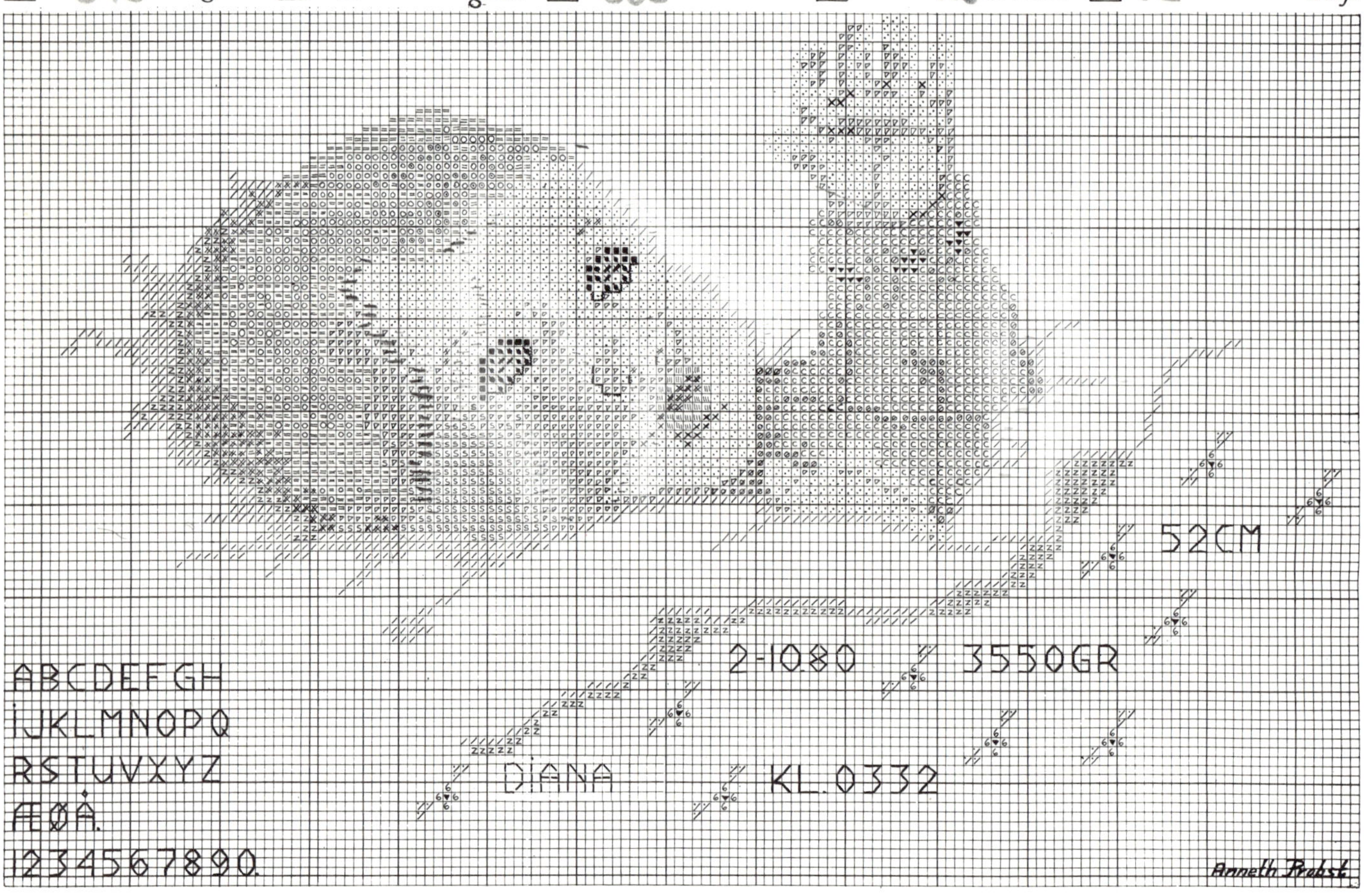

Lustige Stickereien für's Kinderzimmer

Nicht nur als Teppich, sondern auch als Kissenplatte oder Wandbehang können diese lustigen Motive verarbeitet werden. Gestickt wird im Kreuz- oder Gobelinstich auf weißem, groben Stramin (ca. drei Fäden auf 1 cm) mit *MEZ*-Sudanwolle.

Mit ein wenig Phantasie und Geschick können Sie noch weitere Motive entwerfen: Malen Sie mit einem Filzstift einfache Motive direkt auf den Stramin und füllen Sie die Flächen mit Stickereien in bunten Farben aus.

Permin-Design-Nummer 9 222
Permin-Design-Nummer 9 215
Zuschnitt: 35/35 cm · Bild: 25/25 cm

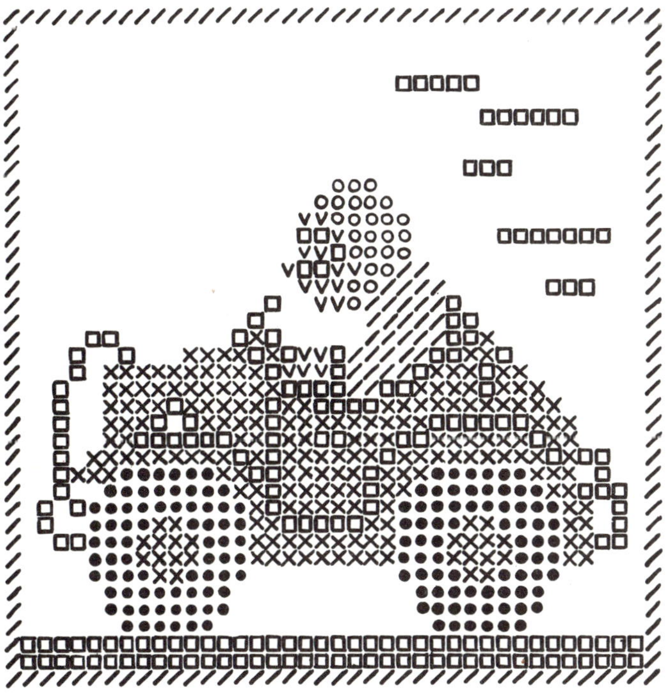

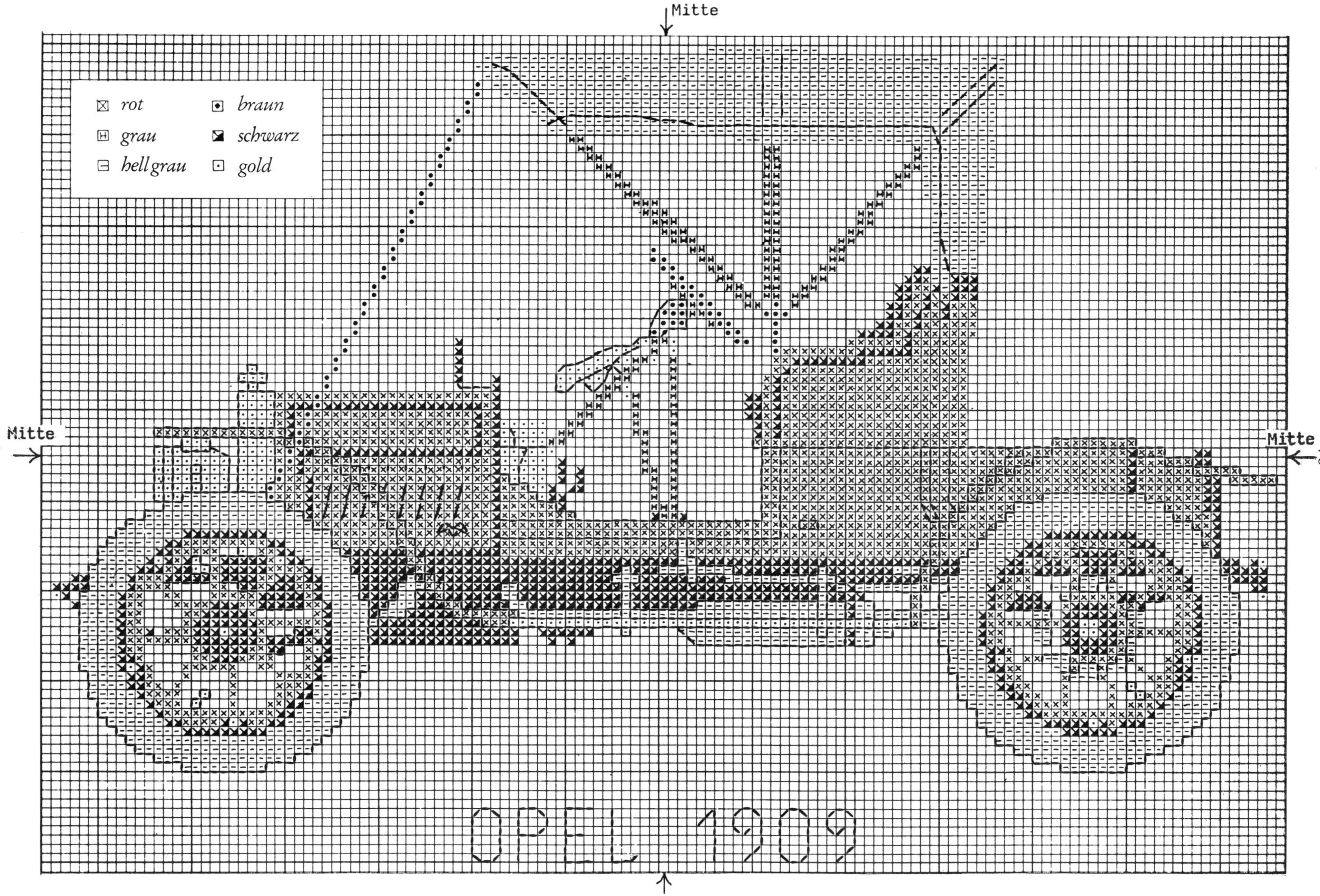
Mitte
rot
grau
hellgrau
braun
schwarz
gold
Mitte
Mitte
OPEL 1909

Oldtimer zum Sticken

Diese Oldtimer kann sich jeder leisten!
Sie werden im Kreuzstich über zwei Gewebefäden mit geteiltem *MEZ*-Sticktwist oder Mattstickgarn auf naturreinem Leinen (Zuschnittgröße etwa 40 × 50 cm) nach einem Zählmuster gestickt. Der Stoff sollte nicht mehr als 11 Fäden auf 1 cm haben. Ihr Bild wird so eine Fertiggröße von 30 × 40 cm erreichen.
Mit Astrella-Gold oder -Silber lassen sich zusätzliche Effekte überall dort sticken, wo unser Modell üblicherweise Chromteile hat.
Mit einem farbig abgestimmten Passepartout, das eine Breite von 50 cm haben sollte, gewinnt Ihr Bild zusätzlich an Wirkung. Da wir nicht alle Typen als Zählmuster abbilden konnten, haben wir für Sie einen der beliebtesten Oldtimer ausgesucht, den Opel 1909.

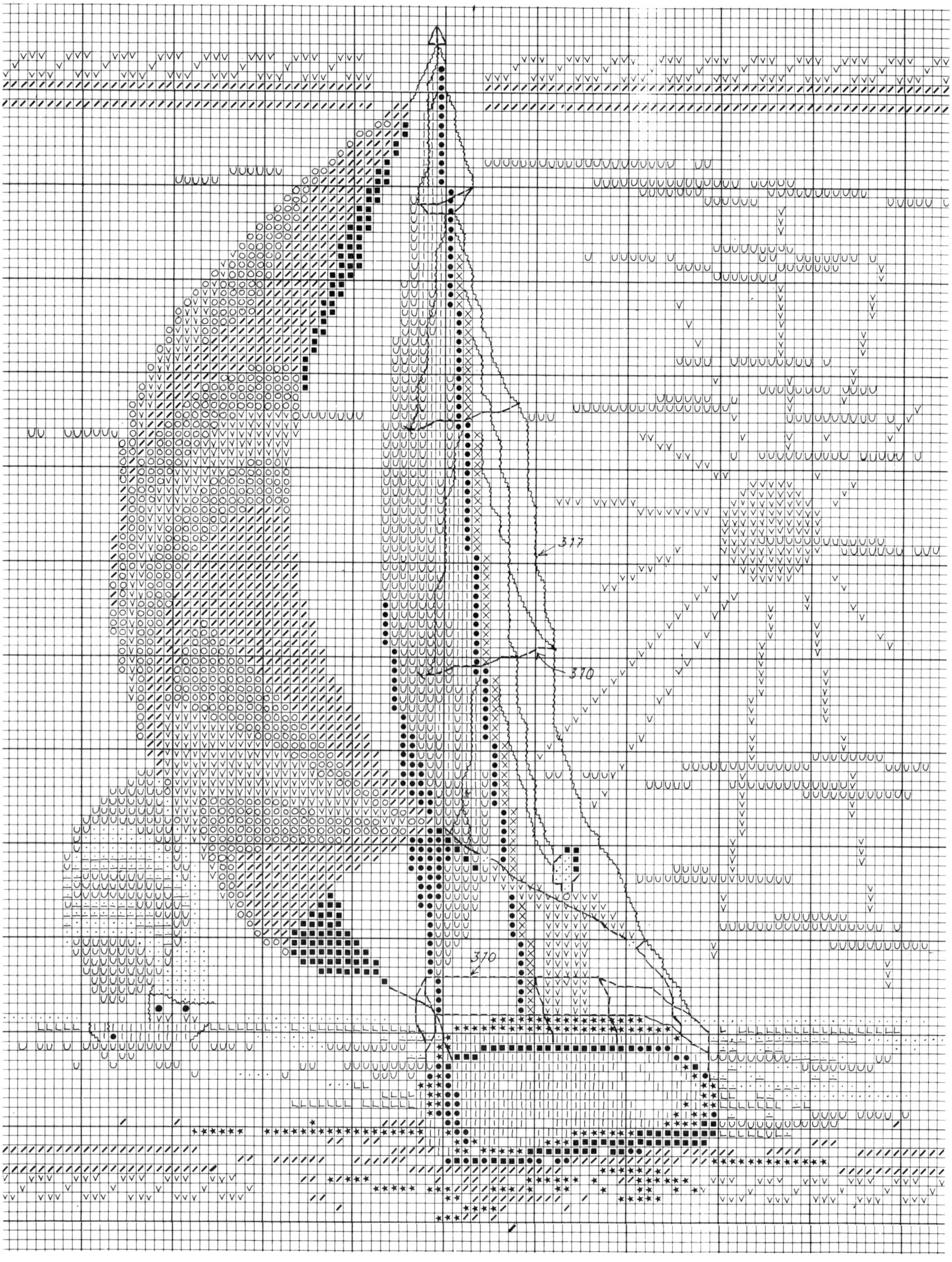

mit 1 Faden sticken

- rot
- hellgrau
- weiß
- blau
- grau

mit 2 Fäden sticken

- gelb
- hellrosa
- rot
- blau
- hellgrau
- grau
- schwarz
- weiß

Freizeitkissen für's Auto, zum Segeln, am Strand

Damit Sie in Ihrer Freizeit auch bequem sitzen können, haben wir diese lustigen Kissen ausgesucht.
Auf farbigem Permin-Hardanger, den es im Fachhandel per Meter zu kaufen gibt, sind diese Freizeitkissen schnell zu sticken. Für die Wassersportler haben wir das nebenseitige abgebildete Segelschiff als Zählmuster ausgesucht.
Gestickt wird mit Sticktwist. Die Farbverteilung läßt sich nach den Farbsymbolen auf unserem Zählmuster auch nach Wunsch abwandeln.
Beim Kauf des Stoffes sollte auch gleichzeitig die Rückseite des Kissens mitbedacht werden. Es ergibt sich dadurch ein Zuschnitt von ca. 40 × 80 cm.
Durch einen Kordel- oder Zierstichabschluß kann das Kissen noch zusätzlich an der Kante verziert werden.

Gestickte Stunden im Uhrzeigersinn

Diese Jugendstiluhr, in harmonischen Braun- und Rosttönen auf beigen Stoff gestickt, können Sie selber machen!

Rico-Design-Nummer 26 100

Und so wird's gemacht: Sticken & Montieren

Auf den nächsten Seiten zeigen wir Ihnen, wie Sie diese schöne Nostalgie-Uhr in der Originalgröße von 30 × 40 cm nacharbeiten können.
Mit einem Bogen Transparentpapier und einem weichen Bleistift nehmen Sie sich die Konturen unserer Abbildung auf der nächsten Seite ab und übertragen diese auf den gewünschten Stickgrund.
Um eine Harmonie zwischen Stickgarnfarben und Stoff zu erzielen, empfehlen wir Ihnen einen beigefarbenen Stoff (Rico-Strukturgewebe, Farbe: Q 79 beige), den Sie in jedem Handarbeitsgeschäft als Meterware erhalten (Zuschnitt ca. 40/50 cm).
Gestickt wird mit *MEZ*-Sticktwist im Platt- und Stielstich in den Farben:

dunkelbraun	Nummer 359
mittelbraun	Nummer 370
ganz dunkelrost	Nummer 339
dunkelrost	Nummer 338
mittelrost	Nummer 337
hellrost	Nummer 336
hellbeige	Nummer 368
mittelbeige	Nummer 369
dunkelbeige	Nummer 375
schwarzbraun	Nummer 381

Wer ein besonders feines Stickbild erzielen möchte, sollte alle Formen mit geteiltem Faden sticken.
Ist Ihre Uhr fertig gestickt, sollten Sie diese von der Rückseite mit einem feuchten Tuch glattbügeln.
Jetzt wird das Modell auf eine 5 mm starke Hartfaserplatte gespannt. Die Platte muß in der Mitte ein Loch von ca. 1 cm für die Zeigerwelle haben und sollte 30 × 40 cm groß sein.
Am besten bestreicht man die rauhe Kante der Hartfaserplatte mit einem 2 bis 3 cm breiten Streifen Kleber. Während dieser ca. zehn Minuten antrocknet, wird auch der Stoff von der Rückseite an der Schnittkante mit dem gleichen Streifen Kleber versehen. Sobald der Klebstoff angetrocknet ist, drücken Sie zuerst die eine Seite an (schön fadengerade) und kleben dann die gegenüberliegende Seite unter leichtem Druck ebenso fadengerade fest. Den gleichen Vorgang wiederholen Sie dann an den Seiten. Ist der Stoff gerade aufgespannt, kann das Uhrwerk montiert werden: Die Zeigerwelle wird durch das Loch in der Platte und durch den Stoff gesteckt (leicht einschneiden).
Mit der dem Uhrwerk beiliegenden Kontermutter wird das Uhrwerk nun festgezogen, die Zeiger aufgesteckt und eine Batterie eingelegt – fertig ist Ihre selbstgestickte Uhr!
Vielleicht finden Sie jetzt noch einen geeigneten Bilderrahmen (Falzgröße 30 × 40 cm), der Ihrer Uhr den richtigen Rahmen verleiht.

Register

Die Abbildungen auf den Seiten 2, 3, 6, 7, 8, 9 stellen Beispiele der Stickkunst aus dem 18. Jahrhundert dar (z. B. Seitenstickerei auf Samtvelour).
Sie sind Objekte aus der Textilabteilung des Museums für Kunst und Gewerbe in Hamburg.
Abdruck mit freundlicher Genehmigung des Kunstmagazins „Art".
Verlag, Gruner + Jahr, Hamburg. Fotograf: Dieter Schwille.
Urheberrechte: Museum für Kunst und Gewerbe, Hamburg.

Für alle abgebildeten Handarbeiten
zum Nacharbeiten stellte Studio Goschke die Aufnahmen her.
Alle Zählmuster stellten uns freundlicherweise
Permin-Copenhagen sowie WEB-Tex, Schweiz, zur Verfügung.
Die vorgezeichneten Handarbeiten stammen
aus dem Atelier der Firma Rico-Dekor.